Ziyi Zhang

蛻變

章子怡的成長紀實

只要一走進新戲
都要重新開始
過去的一切
只能作為參考經驗……

杜麗◎著

序一

一個麻雀變鳳凰的「中國夢」

最初她只是一個懵懂的孩子，一臉青澀樸實的笑容春暖花開，後來搖身一變成了玉府千金，刀光劍影中冷若冰霜。再後來，她是丫鬟、是地下黨成員、是風塵挑逗的舞女、是愛恨糾葛的俠女。

從寂寂無名到聲名顯赫；從舞蹈學院一個並不算最優秀的學生，到戲劇學院一個曾經不會表演的學生、到名導演鏡頭前壓力大到哭泣的新人，然後脫胎換骨變成名揚天下的國際影星，長長短短，不過五六年光陰。

一個胡同女孩傳奇又或並非傳奇的青春人生。

這種故事，人們往往叫它一步登天。當然故事的主角並不希望使用這個詞彙，因爲人們往往只看到她「登天」的最後一步，卻看不到她在那之前走過的許多許多艱辛與坎坷。

這也很正常，當人們看到她收穫的時候，也就看不見她的付出、傷痛或耕耘，世間之事大抵如此。

也許人們還會說，她只是運氣好罷了。

她幸運地擁有一張酷似鞏俐的面孔、她幸運地走進張藝謀的電影、她幸運地被李安選入《臥虎藏龍》、她……好了，可以就此打住。再往後面，對「幸運」二字，此路不通。

如果她沒有那與生俱來或後天培養的堅忍不拔，也許她只是被追求完美藝術的李安請出局的一個，如同那之前的許許多多。

她的執著絕不僅僅只打動張藝謀或李安一人。

你可以說她長得不夠天生麗質，也可以置疑她最初的演技不夠出類拔萃，可你不會無視她作爲一位好演員該具有的素質。有一些精神，可以彌補物質的不足。

她的聰明，並非在於琢磨如何紅得更快、爬得更高，絕對不是，僅僅在於她知道自己在什麼地方還不夠好，而她在此之上暗下苦功，必然不會有很多人知曉。

當然，我們也不否認，在所有這些努力之外，還存在的必然和偶然。像她這種走紅得如此迅速，同時受到緋聞和流言攻擊得如此激烈的明星，不知共找得出幾個。

得到多少，便要付出多少。這個道理說來也很簡單。

在這個圈子裡，她受過傷，有過榮耀，甚至犯過錯，然後一天天成長起來，最後倒是旁人還在不知所謂地唧唧喳喳，她卻已看得通透。

江湖恩怨太多，是是非非，眞假莫辨，而比起蜚短流長中那些功利野心的陌生人，我寧願相信一個折騰到半夜只爲把一篇日記弄到網站上，每一篇留言都會認眞看，爲兌現承諾自掏腰包給影迷買票的可愛女子。

這個女子已然成爲麻雀變鳳凰的「中國夢」化身。

就是她，你知道她的名字。

章子怡。

杜麗

序 二

給懷有夢想的人們

每一年藝校招考時，總會看到長龍般的隊伍等候在各個電影藝術學院的門外，那些年輕熱情的孩子們，憧憬著這座藝術大門內瑰麗的人生。

他們當中會有一些幸運的人，一步一步走近自己的夢想，他們未來的學習生涯中也會伴隨著一些名字，當他們聽到這些名字，總會帶著某種羨慕而又崇敬的心情，仰望著一個個已經站在高處的人們。

這注定了他們將不會，也不甘於走過一個平淡的人生。

他們當中的每個人都想成爲明星，他們當中的一些人能夠在演藝界有一個起伏不定或與眾不同的人生；他們當中的少數人能成爲叱吒影壇的風雲人物；他們當中的個別人將成爲藝術大師。

然而能夠「會當淩絕頂，一覽眾山小」的，畢竟不在多數。

筆者並不能肯定所寫的東西會成爲他們當中某些人追尋或憧憬的方向。畢竟個人擁有個人的人生，在別人生命中發生的事，理所當然的是，不一定會在自己的生命中出現。

但是筆者相信，同樣走過的路上，必然還是有些可以共勉的路標，也許不會是直接而一目了然的路徑，卻也未必一無是處。

於是我們來說說這個個性鮮明的女子——章子怡。除去外界環境給她套下的重重光環，其實她也是個普通的女孩，有她做不到的事情、有她害怕的事情、有她無法解決的處境。

如果你看得到她的美麗，相信一定也有人看得到你的特別。

給懷有夢想的人們，祝你們成功。

蘇靜

目錄

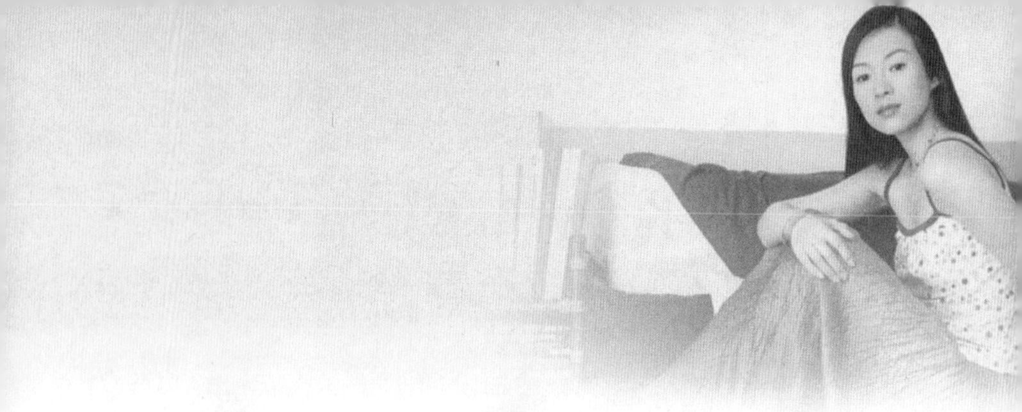

第一章 寂寂無名

胡同女孩的意外人生

8歲學習跳舞。

17歲考入中央戲劇學院。

19歲演出著名導演張藝謀的電影。

21歲憑《臥虎藏龍》一舉成名。

25歲已成國際當紅影星。

章子怡，一個從胡同中走向國際舞台的女子。

六年前，人們不會想到，走在北京的大街小巷也許就曾擦肩而過的那個自稱「放在人群裡就認不出來」的小女孩，有一天會破繭而出，在國際影壇上光芒迸射，驚豔四海。

成名後回憶起自己的成長歷程，章子怡最常說的一句話是「我覺得我是一個意外」。那麼，這個「讓人想不通究竟為什麼會紅得這麼快」的女子有一個怎樣「意外」的人生呢？

生長在北京的章子怡曾是一個普普通通的孩子，她的父親是電信

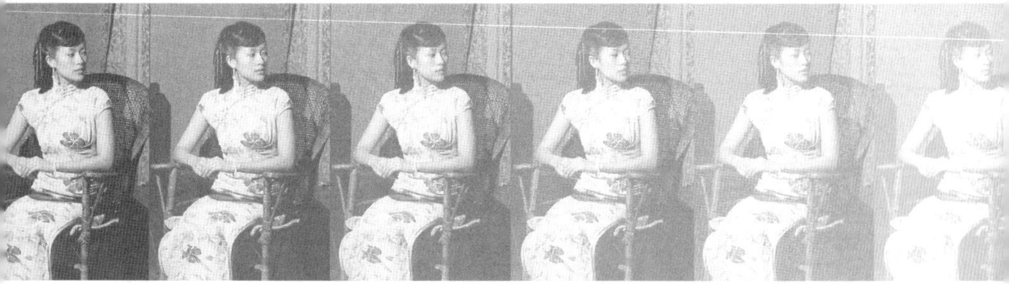

局主管，母親是一所幼稚園的老師，在媽媽任職的幼稚園長大的她，深受媽媽影響，最大的願望是當幼稚園老師。在那些她身爲一個孩子時，編織出的美妙夢境中，也許都不曾看到自己會成爲影壇的耀眼巨星。

兒時的章子怡長相乖巧，但身形纖細，體質也不太好，母親的同事建議她去學體操，一來身材合適，二來也鍛鍊一下身體。於是章媽媽把她送到宣武區體校，偏偏這一年沒有開設體操班，母女倆正失望，體校的老師看章子怡靈氣可愛，便建議她去少年宮報名舞蹈班，這個老師還特地給宣武區少年宮寫了封介紹信。就這樣，八歲的章子怡走進了宣武區少年宮，師從舞蹈家陶金當年的啓蒙老師黃秀芬學習舞蹈。

如果問章子怡對童年最深的印象，那一定是星期天家人帶她去少年宮跳舞的情形。她說：「其實我很喜歡週末家人帶我去公園，也很希望家裡週末能熱鬧點，小孩子總是希望有人陪著玩，但我印象中這樣的時候很少。爸爸媽媽以前工作都非常辛苦，要養活我們兄妹兩個，好不容易到了星期天，都筋疲力盡了。」

那時章子怡常常希望一回家就看到家門口多幾輛自行車。每次看到這個景象都特別高興，猜想是不是家裡來親戚了，這樣就會熱鬧點。

三年後，十一歲的章子怡隨黃老師報考北京舞蹈學院附中。北京舞蹈學院可謂中國的最高舞蹈學府，每年吸引幾千名學子報考。要考上並不容易，幾乎可以說需要內外兼具才行，而學院培養出來的學生不僅各個符合舞蹈家三長一小——手長、腳長、脖子長以及頭小的身段，專業技能更是讓人看了沒話可說。學校老師嚴格教學，加上同學對學習的執著，令這所學校長期冠有「中國舞蹈家搖籃」的美稱。

考試內容除了跳舞，還要看身材比例，舞校要求考生要穿體操服，章子怡沒有體操服，於是便穿著小背心、小褲衩就去考試了。據章子怡的哥哥章子男說：「當時考北京舞蹈學院時，報名的北方孩子有兩千人，後來只有小妹一個北方孩子被選中。」就這樣，章子怡糊裡糊塗地考上了許多孩子夢寐以求的舞蹈學校，爲此爸爸媽媽還專門請親朋好友吃了頓慶祝飯。從此，章子怡在這個舞蹈家的誕生地，開始了她爲期六年的民間舞專業學習。

獨立生活

別看舞蹈學院的孩子們個個身段柔軟，舞姿曼妙，她們背後的艱辛鮮爲人知。章子怡曾說她在舞蹈學院學習時的那種訓練，就像軍營一般，「有時有點的，一天訓練下來，精力都耗完了。」天寒地凍的大冷天，她不到五點就要起床去操場鍛鍊，而晚上十一點以後才能睡覺。在那個成長階段，她唯一能依靠的就是自己，父母不在身邊，她要自己做飯，自己堅持完成學業。的確，對於一個小孩子來說，她並不知道這對於她的人生意味著什麼。

「當時完全對舞蹈一點意識都沒有。很多同學家裡都是世家，我是什麼都不太清楚就去了，然後被架在那兒，開始讀這個書。那時候總覺得，哎呀，跟親戚家的小孩兒，就差幾天，歲數都一樣，人家每天爸爸媽媽送著上學，衣服給你放好了，全都弄好了，晚上來接你回家，陪你一起做功課。我基本上沒過過那種日子。」

那個時候她一度有過失落，覺得特別希望有人能夠寵著自己：「覺得爲什麼我過的是這樣的日子，要自己換那個大被套，然後每天爬上鋪。」

然而，就是這樣「半被迫式」的獨立生活，爲她日後的堅韌打下了扎實的基礎。

很快，章子怡賺到了人生的第一筆錢。她接拍了一個護膚品廣告，雖然不是主角，但是第一次靠自己的努力賺到錢，她覺得好開心！

童年時章子怡的家境並不算好，在她很小的時候，媽媽對她說過一句話：「百貨公司裡的玩具，你只能看，不能買。」所以，對這個從小就知道節儉的女孩來說，金錢從來不是用來揮霍的。章子怡非常珍惜賺到的這一筆錢，「我不會把錢一次花掉，買一個禮物送給自己。我是慢慢用，不要爸爸媽媽每個星期再給我十塊零錢花用了。那時候覺得，咦！賺錢了，我可以獨立了。」也就是從那時起，章子怡真的在經濟上開始獨立了。

她不是最優秀的

在舞蹈學院的日子雖然辛苦，但也算平靜，偶爾還會有些小小的插曲。一次，郭富城、劉德華來北京演出，她和朋友們想去看，但是門票對於這幾個學生來說還是太貴，她們便在門口懇求收票阿姨說，她們是舞蹈學院的學生，特別想看偶像的表演。其實當時章子怡都說不清什麼是偶像，只是覺得好玩。收票阿姨不肯，章子怡一群人便回答：

「我們會跳舞，爲你們跳一支舞好嗎？」結果跳了舞之後，阿姨挺高興的，好心放行，幾個孩子歡天喜地地跑了進去。

曾參與《生命的角色》、《花眼》等電視劇的青年演員李涓，是章子怡在北京舞蹈學院附中的同班同學，這位老朋友與她並肩走過那段無憂無慮的少女時光。對於章子怡的少年時代，這位老同學自然是最好的見證者：「子怡的舞蹈在班上並不是最優秀的，在協調性上稍微有些欠缺，但她是全班最刻苦的一個。也許正因爲深知底子不如人，每天下課之後，子怡都會悄悄地留在練功房繼續壓腿、練功。每次她都找我陪她一起練習，幫她壓腿什麼的，她現在能夠這麼紅，與她自己的努力和勤奮分不開。」

從《臥虎藏龍》到《英雄》，舞蹈底子幫了章子怡不少忙，也奠定了她在國際舞台上「功夫女星」的地位。「可能很多人都會想，她拍了這麼多戲，本人也沒有拿什麼獎，但是她在幕後付出的努力、吃的苦頭，也許是大家都無法想像的。可能很多人都不理解她，但作爲同學，我們心裡都很清楚，她所以有今天的成績，都是努力的結果。」

昔日一塊早起練功、無話不說的好朋友，現在已經身爲國際明星，李涓覺得這對於章子怡或她的同學來說並不意外：「她從小就對自己的目標很明確，很清楚自己想做什麼，而又肯用心去做，當時我們班所有同學都斷言，子怡今後一定能大紅大紫。」

憑藉自己的努力，章子怡在一九九四年全國桃李盃舞蹈比賽中獲得了表演獎項。「桃李盃」在全國青少年舞蹈比賽中，有中國舞蹈界的「奧斯卡」之稱，爲中國的文藝界培養出了黃豆豆、劉敏、沈培藝等一個個響叮噹的當紅「舞王、舞后」。章子怡作爲北京舞蹈學院附中代表隊的一員，以獨舞——《孔雀舞》參加比賽。天資聰穎的章子怡在這次比賽中獲得了表演獎項，但是令她沒想到的是，這個表演獎項會是她成爲國際巨星的鋪路石。

獲獎沒有令章子怡沾沾自喜，反而讓她開始冷靜思考自己的前途。隨著年齡的增長，她感到了舞蹈表演空間的狹小，同時也明白自己在這行可能做不到最優秀的，而且跳舞的職業生命很短，展現自己的機會也很少。章子怡喜歡一個人在舞台上跳舞，那種感覺讓她體會到「忘我」，她覺得應該找個立足點，要有自己的發展空間，於是，她想到了轉行。

第二章

投身表演

初遇伯樂

一九九五年四月，每年一度的藝考類招生開始了，北京電影學院和中央戲劇學院是很多從舞蹈學院出來的孩子們都會想到的選擇。但是每年報考的人數幾乎擠破校門，章子怡早聽別人說北影特別難考，但她還是決定先去試試。等到去北影報名後才發現，早在半個月前，報名已經截止了。也就是這個原因，使得章子怡成爲中戲九六級表演系的一員。

中戲入學初試前，章子怡參加了考前輔導班，因爲只有七天的時間，所以許多同學都表現得相當踴躍，唯獨她老是躲在後面，結果還是被老師「抓出來」了。當時那位常老師給她出了一道題目：如果前面有一匹狼時該怎麼辦？章子怡天真地說，撿起石頭砸牠呀！老師便要求她表演如何砸狼，章子怡借著自己學過舞蹈的優勢，用一個優美的舞姿表演了扔石子的動作，老師看完之後對她說：「你這是舞蹈而不是表演，這兩者是不同的，表演講究眞實感。」這是常老師給章

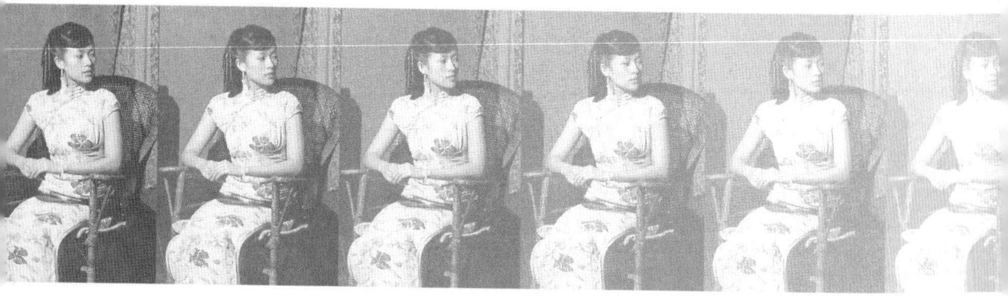

子怡上的第一課。

這位常老師正是後來中戲十幾年來，星光耀眼的九六級表演班班主任常莉。常老師在英國皇家戲劇學院和莎士比亞里茲大學任過教，獨創了一整套的教學方法，她的門下高徒如雲，姜文、陳寶國和許亞軍等都是常老師的得意門生。

在短短七天的訓練中，常老師發現在輔導班演小品的時候，許多孩子因爲緊張，上台後草草應付幾下就想下去，但章子怡卻一點也不怯場，她一上台便不斷地製造場景和情緒，常老師當時就「覺得這孩子挺有意思」。

但是這些專業的潛質章子怡自己當然全然不知，她感覺常老師和藹可親，像自己的母親。考試前常老師給了她不少鼓勵，還問她考不考其他學校，有沒有得過文化部的獎項、當過三好生之類，其實從這時開始，常老師就已經察覺到章子怡的潛質。

初試開始那天，章子怡在父母的陪同下前往中戲排練室面試，常莉老師當時就是面試組的成員之一。回憶當年的考生時常老師說：

「在那些考生中，章子怡絕對不顯眼，不像梅婷她們那麼『靚』，不過我覺得這孩子挺清秀，挺有前途的。」

表演系只招收四十八名學生，但是報考人數竟高達數百人。儘管如此，考試時章子怡一點也不露怯，她先跳了朝鮮舞蹈《賣花姑娘》中的三個片段，還朗誦了一首詩《如果我是一滴水》，結果背到一半，後面全忘了，她就站在那兒，接著是一位老師幫她念出了後面的部分。這下她暗自開心起來，心裡感覺老師說不定有點喜歡她，否則也不會幫她背完了。

幾天後章子怡接到了複試的通知。這次，她跳了傣族舞《潑水節》中的一段，當時，老師們的反應很好。不過據子怡自己說她只記得演集體小品《在公共汽車上》，「我站在台上不知怎麼過來的，特暈。」

三天後，章子怡接到了常莉老師的電話：「你被錄取了。」初試、複試一路綠燈地走下來，面試通過，接下來還有筆試這道關。當時，距離高考只有兩個多月的時間，有的老師擔心這些孩子的文化課成績不過，常老師就一個一個打電話催她們看書，正好國家對藝術院校的考生有項規定可以保送，因爲章子怡曾獲得的「桃李盃」表演獎項，是國家文化部認可的獎項，可以免考文化課，專業課成績又符合文化部直屬院校的保送規定，她就這樣懵懵懂懂地考上了中戲。後來她才知道，原來常莉老師爲了她的事，自己擠公共汽車去舞蹈學院，找她原來在學校得獎的那些檔案，並爲章子怡辦了「免試文化成績」的手續。沒有常莉老師這個「伯樂」，章子怡也許就失去了藝術人生中的第一個可能。

真正的處女作

就這樣，章子怡走進了中央戲劇學院的大門，開始了自己的「表演人生」。每當說起剛上中戲時的感受，章子怡總覺得自己最初很害怕，不懂得表演是什麼。其實，早在進入表演系之前，她已經有過一次演出經驗。

絕大多數人一定都認爲章子怡的處女作是《我的父親母親》，其實帶給她第一筆正式片酬的是一部叫做《星星點燈》的單元劇。一九九六年拍攝該片的時候，章子怡還沒有進入中央戲劇學院。

《星星點燈》是根據就讀於雲南藝術學校的女孩陳薇，身殘志堅的眞實故事改編而成，由於片中的陳薇曾經學習舞蹈專業，所以女演員必須有舞蹈底子。當時是一九九六年七月，那時候大多數藝術院校的孩子們都忙著高考，找女演員有一定的難度，導演孫文學的一位朋友推薦了高考免考的章子怡。在此之前，章子怡只拍過一些MTV的片斷，孫導看過後覺得這女孩的形象還不錯，便約她在飯店見面。面試也很簡單，章子怡在孫導面前朗誦了一首詩，就被定下來出演女主角。

開拍後不久，攝製組就遠赴雲南昆明。為了讓章子怡儘快進入角色，孫導安排她和當年陳薇的三個男同學在一起，從這三個男孩的回憶中重新塑造陳薇的形象。大家都覺得她很單純很可愛，很樂意與她接觸。很快，章子怡便和這三個男孩以及劇組成員打成了一片。

拍完了《星星點燈》之後，章子怡進中戲學表演。由於當時的製作經費不是很寬裕，演藝人員的片酬大多拿得不多。今天已經紅得發紫的章子怡當年也只有四千塊錢（人民幣）片酬，而且還不是一次付清的。這部單元劇於一九九六年年底在中央電視台一套的《單本劇展播》中播出過一次。而後，央視電影頻道也向北京音像出版公司購買了該片在兩年內的四次播出權，不過播出的時間大都不在黃金時段，所以觀看該片的觀眾微乎其微，知道有這部單元劇的人也就不多。由於錯過了電視台的幾次播放，章子怡曾多次向孫導提出要一份《星星點燈》的完成片，孫導也答應她了，但是複製帶子需要一定的時間，結果這件事就這麼擱下了。

關於《星星點燈》，孫導說：「章子怡沒有將此片視為自己的處女作，很可能是因爲她並沒有看過完成片，對自己的表演成果毫不瞭解。」

對章子怡的第一次表現，孫導評價說：章子怡當時的表演已非常出色，拍《星星點燈》是她第一次面對攝影機，在那以前子怡從沒拍過戲，也沒學過表演，但她很有靈性，入戲很快。

這一次熱身後，再回顧她之前的準備階段，就會明白她的脫穎而出不是偶然。如果說她是「意外」地開始了舞蹈學習，那麼她獲得「桃李盃」和進入中戲絕不是幸運或「意外」。沒有她噙著眼淚，數九三伏，六年的苦練，這個原本舞蹈天賦並不突出的女孩沒有可能打下這麼牢固的專業基礎。在舞蹈學院積累的那些登台經驗使得她能夠在完全不懂表演的情況下，毫不膽怯地表現自己，正是這一個個稚嫩的腳印穩穩地成就了她的巨星之路。

差點退學

在表演界，中央戲劇學院與北京電影學院的表演系處在塔尖，而這兩者相較，中戲又更勝一籌。《中國銀幕》的編輯嚴倩紅提到，哪怕與同一水準的學校相比，中戲的表演系也可以說在業界「最厲害」的。「電影學院的表演有很多流派，像純自然的表演，一些非職業界的人也可以演得不錯。」而中戲是一所戲劇學院，學生會受到系統的戲劇訓練，舞台底子扎實，如胡軍、徐帆等人的表演在業界相當受認可。

章子怡所在的班被稱爲「中戲明星班」，袁泉、梅婷、秦海璐、劉燁、胡靜、龔蓓必……這些「星」們都是由表演班的班主任常莉老師培養出來的。在這個班裡，對剛剛進入中戲的章子怡來說，壓力很大。

出身於公務員家庭的她上中戲後，爸爸媽媽負責每年八千元人民幣的學費，自己得打工賺取每月一千元的住宿、生活費。有過六年住校生活的章子怡獨立性很強，生活上的事倒難不住她。可是每週一返校，一看到「中央戲劇學院」六個大字，她的眼淚就不由自主嘩啦嘩啦流下來。爲什麼呢？因爲老師要求的標準章子怡達不到。

的確，在中戲讀書時，章子怡的條件並非很好。學舞蹈出身的章子怡剛進校時最怕上表演課，她性格有些內向，平時很少說話，做小品時躲在角落裡生怕老師叫到她。連班主任常老師都說：「章子怡說起話來，聲音小得像蚊子。那時學生都要自己排演作品，她總是躲在一邊，不到最後關頭是絕對不會上場表演的。」

章子怡說：「我一直挺害怕，一年級時甚至想退學！」她自幼學舞，舞技沒話說，可是遇到表演就發愁了。「大一時一上台，就抖，就想哭，我會覺得怎麼這個教室這麼大呀，還有那麼多人盯著你看。」真正進了戲劇學院，開始了正規系統學習，章子怡之前「熱身」時那點本色表演（編按：依照演員的本性去表演，不刻意揣摩）其實一點優勢都沒有，她開始明白表演的天地是如此之大，覺得心裡沒了譜，全然不知道應該怎樣演下去。

「老師讓我演老太太，我哪裡會，讓我扮猴子，我哪裡會演猴子。」章子怡覺得那時候演的最不可思議的小品是《耍猴》，演耍猴的，然後又要演猴子。「眞的接受不了，太不可思議了。」她說，「你怎麼變成一隻猴子的？怎麼又變成一位耍猴的？你人是空的，是一個空殼，你連想的那個思維都沒有。」

那個時候，她天天夜裡都會夢到編段子，做小品。可是每次一返校她就特別想回家，懷疑自己是否有能力在這所學校就讀，於是便告訴媽媽說想退學。爸爸媽媽知道她是個有主見的孩子，告訴她說這是她自己的選擇，今後的生活要自己做決定。

章子怡想到了自己放棄舞蹈的初衷，「我喜歡跳舞，爲跳舞吃過很多苦，到現在腳背的骨頭還是變形的。我覺得跳舞從意志和身體上，都給了我很大的磨練，後來，再多的苦，我都能熬下來。」可是「爲什麼放棄呢？因爲我不夠好，做不了最優秀的，學了六年的專業，只能爲別人伴舞，我很痛苦，很不甘心。」

她帶著一種玉石俱焚的驕傲，「我是打不碎的。」如同以往的每一次練功練到落淚，章子怡依然咬牙在中戲挺了下去。

一年級上的課是生活觀察，章子怡漸漸發現這門課對她的改變很大，她經常跑到北京車站、婦產科、居委會、果菜市場去觀察各種人物，她說：「我一直認爲自己沒有太多生活閱歷，而表演是一種『魂』的存在，我先要學會觀察。」

在大一結束時，章子怡還來不及慶祝自己的僥倖過關，就目睹了三位同學由於學業不合格而黯然離去。那個時候她在心裡說：別不及格，別成爲班上最差的學生。那就是一個動力，最大的動力，推動她一次次戰勝自己。

被放棄的機會

如此努力，到了大二情況才漸漸好轉。

有一次的作業是表演《騎馬下海的人》裡的一段，有個和麵的場景，之前在準備作業時章子怡特地買了兩斤麵，叫媽媽教她如何才能和得有模有樣，如此反覆練了幾天，交作業時只見她拿著臉盆，小手在盆裡上下翻飛，和麵的手勢十分熟稔，常莉老師對她的表演很滿意，還在全班表揚了她。回憶章子怡在學校的表現，常莉說：「章子怡有正規到位的訓練，自己又對功課特別用心，她的成功有很大的必然性。」後來在《我的父親母親》裡章子怡這手和麵的本事還派上了用場，她這兩斤麵的功夫沒白下。

學校對表演系學生的要求很嚴格，規定一二年級的學生不能出外拍戲。那段時間她靠舞蹈演出賺取生活費，也拍攝了一些廣告，現在看那時廣告中的章子怡顯得青澀而質樸。

當時她接拍的一則榨菜廣告，正是該榨菜廠在全國進行大規模宣傳的時候。由於廣告不是以明星效應取勝，挑選模特兒時十分隨意。當時扮演學生、長者、男青年的三位模特兒都已經找到了，唯獨扮演女青年的模特兒還沒有找到。導演希望這位女模特兒有青春氣息，站在人前能給人眼前一亮的感覺。廣告公司一位工作人員提出說，他認識一位學舞蹈的北京女孩，聽說已經考上中戲了，可以找來試試。於是，第二天章子怡就被帶到了廣告公司。據一位參加過廣告拍攝的工作人員回憶，章子怡那時給人的感覺十分靦腆，動不動就愛吐舌頭，「當時誰也不會料到這個不起眼的小姑娘後來會那麼走紅」。導演看章子怡各方面條件都符合，就拍板決定用她。

這個廣告的拍攝時間只有短短的一天，章子怡是自己化好妝去拍攝現場的，她身上穿的那件紅毛衣也是自己的，因爲導演要她穿得青春一點。廣告在一個公園拍攝，人們發現這個小女孩在現場很少說話，感覺不是太合群，但站到鏡頭前她就忽然變了個人似的，蹦蹦跳跳表現得十分活潑。她在鏡頭前的放鬆狀態很讓導演滿意。

雖然自己尚未察覺，但是這個中戲表演班中年齡最小的學生的表演潛質，早已被老師認可。常老師對她十分喜愛，表面上卻是一味地嚴厲。四年當中，常老師著重教章子怡研究人物性格的發展軌跡，輔導她表演人物片斷。有時同一角色，她告訴章子怡話劇該怎樣演，電視劇該怎樣演。她說：「中戲是培養話劇演員的，但你要成爲兩棲甚至三棲演員，才能在演藝界立於不敗之地。話劇與電視劇是相通的，話劇演得好，演電視劇就會得心應手。」聰慧的章子怡一點一滴地吸收著。

對中戲表演系的學生來說，拍戲的機會很多，但是常莉老師總是告訴他們不要急於接戲。一九九七年五月，一位導演看好了章子怡，準備讓她上一部電視劇，並且是主角，她滿心歡喜地答應了。結果，常老師堅決不同意。章子怡認為機會丟了，十分傷心。常老師在宿舍裡找到她，勸道：「你現在主要是打基礎，基礎打牢了，還愁以後沒戲上？不要急功近利，否則影響將來的發展。」可章子怡還是想不通。呂麗萍聽說了這件事，便找到章子怡，對她說：「演員最終要靠實力，常老師的話是對的。我就是這麼走過來的。」有同學為章子怡鳴不平，問常老師：「這個來找不給去，那個來找也不給去，那我們什麼時候才能上戲呢？」常老師說：「張藝謀來找，我就讓你們上。」同學們一陣哄笑，章子怡也跟著笑了。

多年之後，回憶起那段日子，章子怡表示，當時並未完全理解常莉老師的用心，現在看來，其實道理顯而易見，一個好演員首先要有扎實的理論底子，然後在拍戲的過程中應用它並豐富實踐經驗。她說，沒有常莉，就不會有章子怡的今天。

章子怡成名後謹記師恩，每逢自己出演的電影上映，她一定會特別準備兩張首映會的電影票，一張送給常莉老師，還有一張，則是給把她從少年宮帶向舞蹈學院的啓蒙老師黃秀芬。

認真的女孩

在常莉老師眼中，章子怡是一個典型的乖女孩，也是一個用功的學生。「她很能吃苦，台上台下什麼活都肯幹，男生都願意和她一起排戲。她還有一個優點，不過於注重自己的形象是否美麗，什麼角色都肯演，老太太、農村婦女，她都能演得眞實自然。」

電視劇《劉銘傳》中扮演李彤恩的青年演員牛青峰是中戲九六級「明星班」的班長，他回憶第一次與章子怡見面是在考中戲排隊的時候，當時章子怡靈動傳神的眼睛給他留下了很深的印象。牛青峰戲稱章子怡像是一隻波斯貓，不只是外表好看，而且秀外慧中，很有韌性。牛青峰特別欣賞章子怡敬業的表演態度，他說：「排戲的時候，她眞的是個夜貓子！沒有半點女孩子的嬌氣，就算是到了淩晨，只要我們還沒說結束，眼睛裡最有神的還是她！而且一直堅持到最後。」

「當時子怡絕對不是班裡最漂亮的女生，那時我們班班花是龔蓓必，但子怡絕對是班裡最能吃苦，最認眞的，她身上那股子狠勁絕大多數女生就沒有。」牛青峰回憶說，平時排練的時候女生都會帶點嬌氣，一個場景排練幾次就問導演下一個場景是什麼，可子怡卻會建議再來一遍。

大二期末匯報演出，章子怡在牛青峰自編自導的舞台劇《大荒漠》中演一位油田隊長的妻子。故事講述在一個除夕之夜，她到油田探望丈夫，並勸說他離開油田去享受安逸的生活，在被丈夫拒絕後憤然離去。章子怡很投入，演到最後一幕，章子怡跑著衝出去，由於情緒激動，整個人一下就衝出玻璃了，可她一點都沒有出戲，眼睛裡含滿淚水講完對白。

後來等她發現手上鮮血直流時，嚇了一跳，便使勁摸臉，臉沒傷著，然後就壓著傷口，上台謝幕。那天章子怡的爸爸媽媽也在現場觀看她的表演，坐在下面的章媽媽嚇壞了。傷口後來沒有縫針，直到現在子怡的掌心上還有一道白色的疤痕，深刻記錄著她在表演道路上的辛苦與付出。

章子怡對這部話劇非常滿意，後來還以它爲實例寫進了自己的畢業論文《演員的想像力在表演中的特徵》。

第三章

幸運入圍

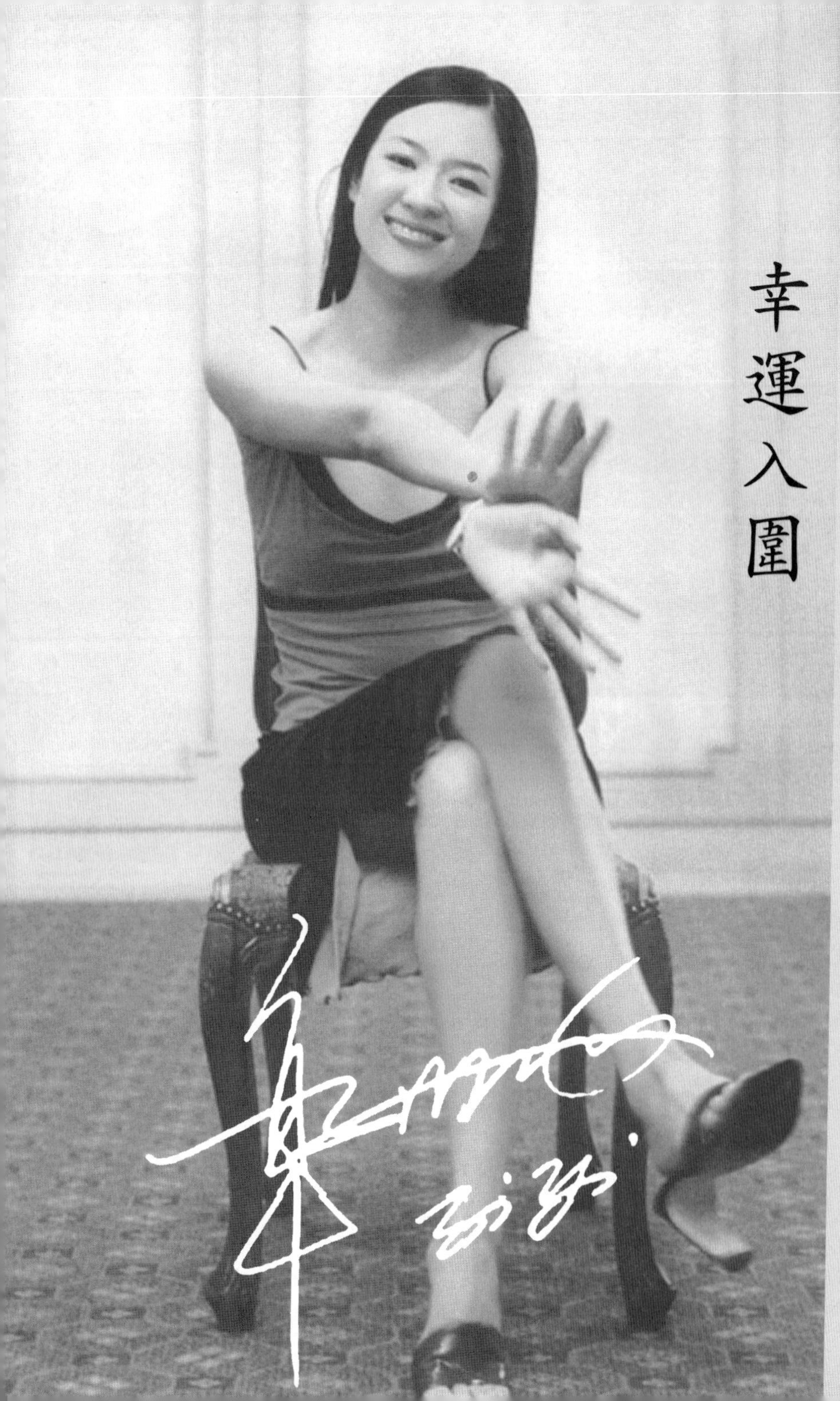

張藝謀來了

常莉老師是個張藝謀迷，經常向學生們介紹「張導」，還找來張藝謀的很多資料給學生看，稱他爲電影界的天才和奇人。常莉時時鼓勵學生說：「咱們中戲出了姜文和鞏俐，現在他們都是名震海內外的影帝、影后，你們要好好學，張藝謀要拍新戲，說不定也會到咱們班裡來挑人呢！」

一九九七年初，張藝謀的公司要拍一個洗髮精的廣告，想找長頭髮的年輕女演員試鏡。章子怡是副導演盛至明最看重的人選之一，他向張藝謀介紹說章子怡拍過「京酒」廣告，感覺挺不錯的，他還特地打電話通知章子怡下午一點鐘在「中戲」門前集合。可恰恰是面試那一天，章子怡記錯了時間，副導演打電話給學校時，她想，反正也已經遲了，恐怕人家都已選好了演員，她不想去了。盛至明在電話裡有些生氣地說：「你必須來，我已經竭力向張導推薦了你，不來你就辜負了我，我在這兒等你。」她趕到面試地點時，已經遲到了兩個小

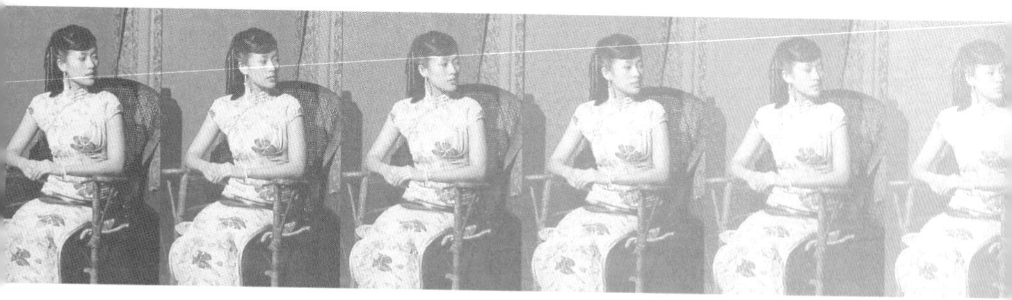

時，她見到張藝謀的第一句話就是：「對不起！導演，我記錯了時間！」說完臉便紅了，張藝謀並無太多的表示，讓人替她拍了照片，留下名字和電話，前後不過一刻鐘。章子怡原本以爲一個人去見張導，可能印象更深，這時才發現屋子裡擠滿了面試的女孩，她們一個比一個漂亮。回到學校，她有些沮喪地告訴老師：「恐怕沒什麼希望。」這就是章子怡和張藝謀的第一次見面。其實，當時章子怡的率眞自然給張藝謀留下了印象，後來張導告訴她，先前那些女孩都不是他要的那種氣質，直到子怡一出現，導演突然覺得希望來了。

然而，那個廣告後來不了了之，除了媒體上多了一些話題，並沒有激起更多的關注。過了一陣子，張藝謀開始籌備他的新戲，爲挑選女主角再次來到中戲，轉了幾圈，也沒有明確的表示。

臨走前，班主任常莉老師對張藝謀說：「拍玉蘭油廣告的那個女孩兒挺不錯的，是個實力派。」一九九八年年初，章子怡的期末考試剛剛結束，忽然接到一則留言，有個姓張的導演請她回電話，留話的人正是張藝謀，他有個劇本想讓章子怡一起參加討論。張藝謀要拍一部都會電影，三個女人和一個男人的故事，章子怡有可能演其中一個年輕女人。見面後，張藝謀卻嫌她年紀太小，像十六七歲的女孩，他的影片裡可能要一個成熟點的女孩。於是，章子怡第二天就把頭發給燙了，幾天後，張藝謀又讓人通知她見面，一見她就問：「你怎麼變成這樣了？」章子怡反問張藝謀：「你不是想找個成熟點的嗎？」張藝謀一聽差點氣暈：「其實我是要找一個看起來清純一點的。你這樣就整個把事弄擰了。」章子怡後悔極了，以爲自己又一次失去了和張藝謀合作的機會。但張藝謀仍讓她參加了一星期的劇本討論會，她很少發言，只坐在那裡靜靜地聽別人講話。劇本討論完，春節就到了，大家分頭回家過年。

過完年後的四五月份時，她又接到了張藝謀的電話，張藝謀給了她《我的父親母親》的劇本大綱，說請她演這部影片的女主角。章子怡很興奮，回到學校後就將喜訊「匯報」給了老師，她明白與張藝謀的合作將是她演藝生涯中重要的開始，也將爲她上一堂極具價值的大課。她對老師說：「張藝謀不愧是張藝謀，我們討論劇本時，他的思路特別敏捷。有時大家爲一個點子頭都大了，結果所有的方案都是他的主意，他特別了不起。跟年輕人在一起，他還顯得特別年輕，一高興起來就手舞足蹈的，看起來特別有活力。問他爲什麼挑中我，他說我簡簡單單去面試，臉上沒有那麼多風塵感。」

第一次體驗生活

做張藝謀導演手下的女主角並不是件輕鬆的事情，章子怡走進《我的父親母親》劇組後，她被張藝謀要求去做的第一件事就是去農村體驗生活。

章子怡說，體驗生活，這被現在許多演員輕視的過程，是張藝謀導演最看中的環節。張藝謀當年演《老井》獲得東京電影節最佳男演員獎，鞏俐演《秋菊打官司》獲得威尼斯國際電影節最佳女演員獎，到百姓中去體驗生活是關鍵原因。所以張藝謀要求章子怡每一個動作都要絲絲入扣，影片中章子怡所扮演的角色，基本上，貫穿於「跑、等、走」等簡單而相同的肢體語言中，所以一顰一笑都應該是那個年代鄉下姑娘的樣子。

八月份演員到河北壩上東溝村體驗生活，住在農民家裡，每天和他們一起工作、聊天，章子怡與其他演員一起，每天起早貪黑地和農民們一起幹活、聊天，還要學挑水、生爐子、麵條、織布、納鞋底等家務活，就像當地村姑一樣。雖然從沒有過類似經歷的章子怡在體驗生活中常常鬧笑話，但那家主人在好長一段時間裡都一直得意地對村裡人說：「我們家請了個城裡的保姆。」

章子怡開始眞正體驗到做一個好演員的不易，她明白現在經歷的這些都對她的成長和進步大有幫助。從小就喜歡寫日記的章子怡，在壩上的那段日子，她忘不了寫下自己的感受，其中一天的日記中寫道：

八月七日　晴

擔水可眞是一件苦差事，一天下來，儘管整個身體快散了架，但我還是深知離劇本的要求還很遠！副導演酈虹說，體驗生活的時間只有一個月，如果不抓緊練出來，到電影正式開拍時，誰也沒辦法幫我。其他演員都在找人物原型，而我呢，僅被稱作「沒有文化的農家女」，惆悵至極，眞不知去模仿誰。眼下對於我的角色來說，挑水、織布、和麵、切菜、拌餡兒、生爐子、打糨子……樣樣都要學，而且這些都是我以前完全沒有經受過的，對我來說，眞的很難。

九月，《我的父親母親》開拍。張藝謀說：「《我的父親母親》是一部講述愛情、家庭、親情的電影。一個純樸姑娘愛上了一個年輕的男人，一愛就是一輩子。他們的愛情很眞誠……這是我第一次用詩意、浪漫、抒情和單純去表現一個時代中的愛情故事……而這部電影是捨濃郁而求單純。」

影片拍攝的景色優美、色彩鮮豔。現實用黑白表現，回憶用彩色表現，現在時候的冰冷現實，與過去時候的美好回憶，形成強烈反差，而女主人翁執著的愛情在美麗的樹林和彎曲的山路上跌倒，在幾乎是痛苦的絕望中，等到了愛情。故事放在一個與世界幾乎隔離的空間，自然環境的優美，爲影片的愛情增添了色彩。無論從場景、故事還是表演，甚至配樂方面，張藝謀作爲導演，技術上也更爲成熟。

這部看似簡單的影片，實際上浸透了章子怡許多的辛苦。

「那是我的第一部戲，壓力很大。因爲，導演沒跟我說要怎麼去做，他只告訴我：就要最眞實的你！不要看劇本，也不要想第二天的戲要怎麼演——這種方式，對一個新人來講，難度更大。」

《我的父親母親》本身就是一部自然寫實、返璞歸眞的作品。影片中，章子怡要扮演的是一位純眞而害羞的農村女孩。章子怡生長於城市，因而對農村生活所知甚少，短短一個月的體驗時間還沒有讓她充分地找到感覺，而張導演當時對她的要求是「無要求」，也就是放開了，不要看劇本也不要去想怎樣表演，自己去體驗，敞開了去想，去發掘。這種「無表演」規則，相對於還在中央戲劇學院讀書而無任何實踐經驗可言的章子怡來說，的確是更加困難的一種導演手法。

影片的故事情節不是靠言語來闡釋，更多的是靠反覆奔跑的身體語言去推進，這些需要透過身體語言去表現的內容，沒有人教她，她只能活用自己的腦筋去想去演。

也許正是這種「放開了去琢磨、去想像」的導演手法，給初出茅廬的章子怡打了一個特別的基礎——更充分地發揮自己的主動、積極作用，更快地成長。

只是《我的父親母親》的第一個鏡頭章子怡就重拍了三十五次，結果，最後在影片裡還是沒有用到。但是在一遍遍重拍的過程裡，她一點一點把自己的味道調了出來，她說，這些都得感謝那些在舞蹈學院的冬天夜裡，被老師逼著練發聲、練肢體的過往。

本色表演

（編按：依照演員的本性去表演，不刻意揣摩）

任何一個好演員，都不會是只要經過專業培訓就可以一鳴驚人的。在戲劇學院的專業學習，唯有眞正地運用於實踐當中，親身去體會，並且不斷地經過補充和改善，才能逐漸轉化爲個人的演技。章子怡在經過三年的學習後，接的第一部戲，導演卻要求她拋開這些規則，看似矛盾，實則對章子怡有益。如果僅僅是把這部戲作爲理論知識是否扎實的驗證，那是對機會的浪費。張藝謀不僅給了她一個高的起點，也給了一個新人很大的空間，讓她在「表演」與「眞實」中找到一個平衡的切入點。而這個過程，正是要求這些剛剛投身表演的新人們，學會如何恰當地投入，又不能過分地露出表演的痕跡。毫無疑問，章子怡在這裡學到了一課——從課堂上也許學不到的重要經驗。

在章子怡看來，張藝謀不僅是劇組的軸心，同時也是大家的大哥和朋友。他在工作時非常嚴肅，但他眞正發火的時候並不多，章子怡也曾讓他動過怒。有一天，章子怡要拍一場興奮地跑回家推門的戲，可是她那天的狀態不好，沒感覺，怎麼也笑不出來，連續拍了十幾個鏡頭都沒過。張藝謀急了，喊停，把她叫到一邊罵說：「你一個人情緒不到位，可人家早早就把燈架好了，都在等你一個人。你這樣對得起大家嗎？即使家裡出了事，你也照樣得演，因爲演戲是你的工作！」章子怡的脾氣特別倔強，要想緩和情緒，通常需要兩個小時。她覺得對不起大家，便趕緊想些開心的事，調整自己的情緒。

《我》片公映時，觀眾印象最深刻的就是章子怡不斷地「跑」：對「父親」一見鍾情地跑；爲了多看「父親」幾眼跟著「父親」背影跑；「父親」當右派回城時拎著飯盒猛追著跑……影片中表現出的那種「跑」和「摔」，全是眞跑、眞摔，有一天章子怡跑了三千多公尺，兩條大腿的肌肉都拉傷了。後期配音時因爲連續配那種喘息的聲音，有一次她竟暈倒在現場。

張藝謀拍戲追求逼眞的效果，看過《老井》的人會知道，當年張藝謀在演井下那一幕時，眞的讓自己餓了好幾天。爲了拍招娣去縣城找駱老師的一場戲，劇組一直在等雪，可雪一直沒下，便決定先回北京。劇組一大早回北京，到北京是晚上七點多。章子怡才剛跟爸媽吃了晚飯，就接到張導演電話，說注意了天氣預報，有可能下雪。夜裡一點，劇組連夜趕回拍攝場地，早晨七點多趕到，路上雪已經積得很厚，大車走不動，只好換小車。

人們看到招娣在大雪中趕往縣城的這場戲拍得令人揪心，電光火石般在路面掠過的飛雪有一種攝魂奪魄的美，與吹風機吹起來的白色紙屑有著天壤之別，卻看不到那場臘月初八招娣在路邊等老師的戲。章子怡回憶所吃的苦：「從早到晚，我始終在雪地裡站著，一連七八個小時，因爲導演要讓招娣一直等到眼睫毛上掛了小冰柱，眉毛上結霜。我戴了圍巾，又呵出了熱氣，最後眞的形成了冰霜。我被凍哭了，手完全凍僵了。」

該劇原著作者、編劇鮑十說：「作爲一個初入影壇的演員，章子怡是很出色的。這從另一個方面說明張藝謀用演員是獨特的。看過《我的父親母親》的人都說，章子怡的表演好得出乎意料。雖然章子怡在影片中只演母親和父親初戀那段戲，但感情處理得很到位。」

演出《我的父親母親》的時候章子怡才十九歲，對感情戲還找不到感覺。爲了找到二十世紀五〇年代農村青年男女談戀愛的感覺，章子怡經常和東溝村的老奶奶們聊天，問她們當初見到初戀對象時是個什麼情景，從聊天中能得到的一些啓發，她都用到劇中了。

招娣愛上了到山裡來任教的駱老師，但又不敢熱烈大膽地表白。整個戲中她跟駱老師說不上二十句話，熾熱而又細膩的情感歷程，全靠她的形體語言去做哀怨淒美的傾訴。章子怡就這樣穿著花棉襖和大棉褲，帶著單純而又濃郁的鄉土氣息，融進了用攝影機演繹的美麗動人的愛情故事。

在《我的父親母親》裡，招娣穿一件粗布花襖，圍著三角圍巾，裹著厚厚的緬襠棉褲，抱著青花瓷碗滿山遍野地急急地跑著，空中飛著點點星星的雪花，有一星半點兒還沾上了她額前散下的一縷劉海，她喘著粗氣，神色慌張。好多人都覺得，這女孩眞美，仿佛天地間未受塵埃沾染的一塊美玉。

單從長相上來說，章子怡天生一副瓜子臉，細眉大眼，額頭飽滿，乾淨清秀，身形單薄，肩膀稍寬。她這種美，應該是傳統中所說的那種小家碧玉。所以，當她以招娣的形象出現在螢幕上時，越顯得楚楚可憐。在人們厭倦了那些濃妝豔抹的人工美麗後，這樣一種天然之美呈現在眼前，令人不由自主地愛憐起來。

其實，章子怡在《我的父親母親》中的扮相並不亮麗，甚至還有點「土氣」，她並不在乎自己的造型，「我覺得外表不是特別重要，重要的是你塑造的人物給觀眾留下深刻的印象。觀眾認爲你可愛並不是看你穿得多麼華麗、多麼漂亮。如果你演的人物觀眾認可，他們就會喜歡你。」

在這個戲裡，章子怡的妝很淡，只是有時爲了表現病態，才會做一些效果：「試妝時，化妝師給我化的是濃妝，但導演不喜歡，他覺得這個人物就是個鄉村女孩，你給她描眉弄眼的就沒有那種味道了。」

所以影片中看到的章子怡，更多的是自然眞實的成分，章子怡評價自己時說，她身上最具魅力的部分正是她的「本我」，她的「本眞」。

在《我的父親母親》的劇照中，子怡帶著一臉純樸明淨的笑容，回望的瞬間，也就成爲經典而難忘的一幕。

後來張藝謀談到章子怡在《我的父親母親》中的表演時說，「在拍這部影片時，她的角色經常要哭，在我看來這是影片中非常重要的部分，我會要求現場安靜，大家鴉雀無聲，我知道在這麼多人面前哭不是容易的事，我知道我們只能拍一次，燈光等都要完美，因爲我擔心第二次或第三次哭就哭不出感覺，會顯得不那麼眞實。但章子怡在這部影片中令人驚訝，我們總是由於技術問題要重拍，每次都拍五六次，她很快就可以入戲，出去、進來只需要幾秒，這讓我驚訝。」

而令章子怡記憶猶新的場景，是在影片結尾的一段，招娣生病了，醒來時招娣的媽媽告訴她，她愛的人從很遠的地方回來看她了。那一刻，招娣淚水奪眶而出，那一段戲一直留在她的腦海中，因爲投入，也因爲入戲後眞實的感動。

幸運的女孩

對於章子怡來說，第一位重要的關鍵人物，是盡人皆知的張藝謀。說到「選秀」這個詞，在內地，最早開始「選秀」的人物首推張藝謀，再退回幾年人們還沒有接受「選秀」這個概念。但事實上，章子怡就是在校園中被張藝謀「選秀」從而脫穎而出的。

毫無疑問，許多人都是從影片《我的父親母親》中初識章子怡。那部堪稱章子怡「處女作」的影片，因爲是由張藝謀導演而光彩奪目，備受關注。《我的父親母親》還沒出爐，章子怡的名字已經非常顯眼地與張藝謀排在一起了。許多人滿懷希望地等著《我的父親母親》的上映。張藝謀果然沒有辜負大家的期待，這部影片很明顯地有別於之前他的所有佳作。如果用中國傳統的眼光來欣賞這部影片，肯定許多百姓都看得不過癮。與其說這是一幕「愛情故事」，倒不如說它更像是一首愛之「抒情詩」。在那些美輪美奐的長短鏡頭中，作爲「母親」的章子怡，留給觀眾更多的是如驚鴻一瞥的純情少女的眼神、甩動著兩條髮辮不停躍動著的羞澀身影，以及憨厚質樸的癡情定格鏡頭等等。

有人說，在《我的父親母親》裡，十九歲的章子怡是那部電影裡跳躍的甜美焦點，一掃都市女孩的精致刻意，渾然天成，天眞如赤金璞玉。她回頭一笑的時刻，是中國電影史最珍貴的瞬間之一，因爲電影裡的愛情，非關革命和社稷，無比清純和癡情。

有關章子怡的美麗，常常莫衷一是。張藝謀的《我的父親母親》中對簡單的讚美，對章子怡的諸多大特寫，卻閃現出子怡俏臉動人的魅力：她在影片中那種不捨的心情、不斷的奔跑、固執和執著，令人愛到心中都是溫暖的。

表面上看起來，章子怡只是個單純柔順的纖弱女孩，但一旦談起演戲，她言語裡便時時透著堅持。關於她自己的成長是否全得力於際遇，對於她自己中意的角色之認眞投入與固執，無論在銀幕上還是生活中，這個年紀小小的人兒，從裡往外，泛著堅定而蓬勃向上的志氣。

在與張藝謀合作過程中，章子怡深受張藝謀的敬業精神影響，「張導一直胃痛，我們都很擔心，勸他回北京治療，他怕耽誤大家的時間，始終不走，就那麼熬了一個星期。他像對待自己的孩子一樣對待自己的藝術。」

導演的性格對一部影片的影響是潛移默化的，都說文如其人，電影也是這樣，張藝謀的電影，善於從小的切入點發掘問題，看似很簡單，其實蘊藏著很深的道理。在這種影響下，一種由本眞激發出的氣質油然而生。章子怡的表演看似生活化，細細咀嚼，還能品到一些超越生活的美閃現其中。

藝術來源於生活，而又高於生活。在拍《我的父親母親》時，章子怡最大的收穫是體驗生活；而令她感受最深的，是劇組的凝聚力，整個劇組像一個大柚子，一瓣一瓣圍在一起，要想掰開很不容易。

「同樣讓我感動的還有那些佈景工人。演員敬業是應該的，因爲最後在銀幕上出現的是你自己，不是別人。那些工人都是幕後人員，誰也不會去關注他們。可他們做得極其認眞，爲了做一個水桶，可以改很多次，手都磨出了繭。」

在劇組，章子怡也有很淘氣的時候。壩上長著很多紮人的刺草，她會摘下一些去逗導演和劇組的人。男主角鄭昊當時也是中戲大四的學生，他以前學過舞蹈，在現場大家覺得悶了，章子怡還會與他一起跳《白毛女》。偶爾章子怡還顯露一下自己體驗生活時從農民家學來的廚藝，張藝謀「勇敢地」嘗了章子怡做的蔥油餅，覺得味道不錯。

對拍攝期間的另外兩件事，章子怡也記憶深刻：「開拍的前幾天我高燒不退，可是那幾天都是拍我一個人的戲，不能倒下。但堅持了一天，我還是被送進醫院打點滴。收工後，導演帶著幾個工作人員來看我，他讓我不要想家，說劇組就是一個溫暖的大家庭。還有一次，我對鄭昊說的一句台詞是：那你快進屋子吃餃子吧！之前我曾對副導演說我餓了，想吃羊肉。沒想到正式拍時，我一脫口就說成了：那你快進屋吃羊肉……當時全場的人都笑了，導演並沒有罵我，而是說：『看來你眞是餓了，那趕緊拍吧，拍完了今天正好吃羊肉。』」

演藝生涯的好開端

一九九八年末，《我的父親母親》剛剛殺青，章子怡作爲張藝謀新片的女主角受到關注，然而這種關注剛露端倪，「章子怡」的名字還只被有限的人群知道。有記者當時去採訪她，在一家不大的咖啡店裡猶豫了許久才認出章子怡來，她被形容爲「沒有想像中的驚鴻美豔……皮膚白皙、眼睛明亮、梳著馬尾、未施粉黛、文文靜靜的女孩」。那時的章子怡並不搶眼，只是看上去有點與眾不同，舉手投足間還是一個普通的學生，只顧自己喝著飲料，不大會招呼朋友。她給人的印象是：單純、率眞、透明，有時帶著些小女孩的嬌羞。

影片進入後製期，章子怡請常老師看樣片。看著看著，常老師看出了問題。她說：「你扮演的母親，她每天忙得腳不沾地，擠時間送孩子上學，她的步履應該是匆匆的，可是，你走得太慢了。再有，你給孩子縫衣服，小拇指爲什麼要翹起來？一個苦難家庭的婦女是不會有這麼優雅的動作的。」張藝謀也認爲常老師講得有道理，於是對這個細節進行了重拍。

一九九九年，《我的父親母親》剪輯完成，章子怡說片子剛剛剪完時，最高興的是製片人，他很激動，「之前他對我的表演心裡還沒譜，看了片子後他很滿意。導演也說我還不錯，完成了任務。」這個評價讓她相當高興。

歷經一年，《我的父親母親》終於上映了，章子怡難掩興奮之情：「前一段我的片子沒放，大家關心我的往往是影片以外的東西。現在我的作品出來了，大家對我的認識會更全面一點，也不至於給人一種媒體炒作的印象。」

隨後張藝謀帶著工作人員赴各大城市宣傳新片《我的父親母親》。在深圳一家影院，章子怡看到電影的最後一段時感動得哭了。她發現很多觀眾也在擦眼淚。「我們都特別激動，這種開心是拿錢換不來的。」

放映完畢，一個三十多歲的女觀眾流著眼淚對劇組人員說：「美國有《泰坦尼克號》（Titanic）這樣的愛情大片，我們也有這麼好看的愛情電影。」章子怡激動得給她鞠了一個躬。

有了觀眾的這份感動，章子怡覺得自己付出的一切辛苦都值得了。她覺得自己很幸運，第一部影片就碰上了一位好導演，《我的父親母親》是她演藝生涯一個特別好的開始。

整整一年的拍攝製作過程，章子怡親歷了一部優秀作品的誕生始末，這對於一個尙未從學校畢業的學生來說是件值得慶賀的事情。她的成功並非單單個人的成功，是因爲她遇到一個優秀的導演、一個優秀的團隊、一部令人心動的劇本，還有許許多多提出中肯寶貴的指導、建議的導師，加上自己爲此付出的百分百的努力。這其中缺少任何一個條件，對於一個沒有任何資歷、背景的新人來說，成功都是遙遠的。

得知《我的父親母親》可能參加下一年的柏林電影節，章子怡開心之餘顯得格外清醒：「我主演的片子能參加國際評獎，我非常高興。但我沒想到拿女主角獎，我不是一個白日做夢的人。因爲我的戲三分之一是本色表演，這個角色性格比較簡單，情感波折也不是很大，作爲演員更多的不是靠演技，而是把握一種自然狀態。」

「我覺得導演沒選錯人，我沒有辜負導演的期望。但我並不認爲自己就比別人強，如果這個角色換上我的同學演，也能演得很好。」

次年春暖花開的時候，《我的父親母親》獲柏林電影節獎，章子怡一下紅遍世界。

不管怎麼說，也不管人們如何評價《我的父親母親》，張藝謀也許還是昨天的張藝謀，章子怡卻從此不再是個寂寂無聲的校園學生。
有人這樣寫道：當初，她只是一個羞澀的小女孩，在人多的時候手足無措。後來她遇見了張藝謀，從此華麗轉身，從一個小女孩，變成一個國際品牌。

涉世未深，緋聞先到

一九九九年春，中戲表演九六班排演話劇《靈魂拒葬》的現場，剛剛拍完《我的父親母親》的章子怡坐在同學們中間，靜靜地看其他同學排演期末大戲，因爲拍電影，她沒趕上班級排練，只能幫同學們做一些內務工作。這個在《我的父親母親》中以一張涉世未深的純情的面孔、一雙清澈的眼睛完美地表現那個純眞年代的純眞愛情的女主角，還只是一個在校的大學生。
在拍片前連攝影機、膠片都搞不清楚怎麼回事的她，這時還是一副鄰家小妹的樣子，乖巧而且單純。
章子怡還沒有想過成名，她沒有想過將來會過什麼樣的生活，也不願與大家的距離拉得太遠。近一些講，她希望畢業後會進一個團，然後演話劇。她覺得話劇的情感綿綿不斷，層層遞進，可以讓人在台上進入忘我狀態，完全身在其中。她也想靠自己的努力賺到錢，她說：「要是我有了錢，我就要帶父母出國，給他們買房子，那會讓我很開心。他們也有積蓄，但他們捨不得花，一定要留給孩子。」

章子怡是個乖乖女，她說自己的家庭教育很傳統也很嚴格，但一家人生活得非常輕鬆，從不感到有壓力。她喜歡跟家裡人待在一起，家是最能讓她感到開心和安全的地方。她很少出去玩兒，生活簡單，就是往返於劇組、學校和家，有時拍戲晚了，她總不忘給父母打個電話，免得他們惦記。銀幕外的她跟別的女孩沒什麼兩樣，平時愛看書，愛吃霜淇淋，家裡有一大堆毛絨玩具，有空會在家裡打遊戲機，玩跳舞機，也喜歡游泳、打球，尤其是羽毛球，那是她引以自豪的強項，還一直憧憬著能和朋友們去爬山，去吃農家飯。

成名之前的章子怡始終是懵懵懂懂的，不過，演藝圈的複雜和殘酷顯然容不得一個人後知後覺，對章子怡的報導漸漸多了起來，剛出道涉世未深的她，還不知道媒體的力量。

最初，人們關注她是因爲「老謀子」（張藝謀）的「選秀」，後來，是關心張藝謀和鞏俐的關係，再後來，章子怡的負面消息接踵而至，她的負面消息比任何一個在她之前成名的女影星都要多。

章子怡平時話不多，僅和一兩位知己相處，於是，有人便說她不受女生歡迎；她很好學，放學後常到教員休息室請教，於是，有人卻認爲她是在討好師長。而其中首選、被媒體熱炒的，是她和張藝謀的緋聞。

章子怡對那些不負責任的小道消息感到驚訝。「我是個在校生，學生和這種事牽扯不上。我和導演是純粹的工作關係。這件事對我影響很大，我願意澄清。我覺得將來碰到的事兒會更大。」

在一片眞眞假假的言論聲中，常莉老師的一席話讓她平靜了許多：「這是一種輿論炒作，哪個女明星都難免。不要理他們，過一段時間自然會平靜了。」章子怡漸漸開始學會接受媒體採訪的技巧，面對鋪天蓋地的緋聞，她冷靜下來，「對於那些花邊新聞，那些不負責任的話，我也覺得很正常，大家都要生存嘛，這也是一種手段。我只希望這些事不要影響我和我家人的工作和生活，相信觀眾和讀者是明事理的，知道什麼是可信的，什麼是不可信的，所以一點都不擔心，只擔心我的演技，我希望觀眾能對我的演技多提寶貴意見。」

事後再聊起這些，章子怡說這種事情往往越描越黑，索性不去辯白，但她很難過。

對於感情，年紀輕輕的她還抱有一種浪漫的理性：「一定是沒有任何企圖的愛。現在社會上的人可信度比較低，流行的是美女傍大款。我不太看好將來會有這麼純眞的愛。我就想找一個有安全感的，眞心實意愛我的人。將來再說吧。」

彷彿一夜成名

一九九九年九月，《我的父親母親》舉行上映記者會，章子怡從《臥虎藏龍》外景地趕來參加記者會，因爲等她，記者會延遲了四十分鐘。主辦單位安排章子怡與張藝謀坐在一起。肌膚雪白、不施粉黛的子怡坐在笑容燦爛的張藝謀旁邊顯得乖巧可人。當張藝謀回答記者提問時，她輕輕地把麥克風扶正；當觀眾給她獻花時，她則把鮮花獻給了導演張藝謀；當記者要求她和張藝謀並排站在一起拍照時，她會拉上影片的另兩位主演鄭昊、孫紅雷一起留影。

在章子怡眼裡，張藝謀是個好人，「每一個跟他接觸的人都這樣說。他給我的印象是眞誠、樸實、老實，片如其人。」第一次見到張藝謀，章子怡覺得他很嚴肅，是那種只能遠觀不易接近的人，後來接觸多了，章子怡感覺他和最初的印象有很大的不同：「他很隨和，一點架子都沒有，完全平易近人。我覺得導演最大的魅力是他的人品，我們劇組所有的人沒有一個不說他好的。」

《我的父親母親》拍攝期間，章子怡的父母去劇組看她，那天她正拍一場難度較高的哭戲。她回憶說：「導演看完重播後，用手輕輕撥弄了一下我的頭髮，就像慈愛的父親對孩子那樣，我的心一下子就踏實了。他還對我爸爸說，你們有一個好女兒，戲演得不錯。事後我父母說，沒想到張藝謀是這麼樸實、平和的一個人。」

在別人看來，章子怡特別幸運，《我的父親母親》還沒演，就被媒體炒開了，有的媒體形容她是一夜成名。章子怡自己並不同意這種說法：「以前有媒體採訪我時，我就說過不是什麼一夜成名。我的成功是一點一滴積累起來的。不是片子一放，第二天鮮花掌聲就出來了。當時去外景地體驗生活的時候，我就想到上張藝謀這部戲就會受到大家的關注。應該說我還是具備了一定的心理調適，不會突然間一火，就忘乎所以、就心理不平衡，我完全有充分的心理準備，不像突然中了樂透彩，完全沒有準備，一下子有了這麼大的收穫。我覺得我就像是個玩股票的，一直在動腦筋，在看各種資料，經過各種分析後才賺錢。總之，我走到今天這一步，絕對不是什麼一夜成名。」

《我的父親母親》中的另一位男主角孫紅雷說：「在我看來，章子怡的走紅不是偶然，而是必然的，因爲她爲人眞誠感性，工作極其努力，很大氣。」

而早在章子怡剛聽到有消息說張藝謀的新片準備用她，她就先跟常老師談過，常老師告訴她，上張藝謀的戲必須要有足夠的心理準備，將來可能會出現各種問題。「她沒有說會出現什麼問題，但我明白是要有相當的心理承受能力。」

所以，儘管觀眾認爲她很年輕，運氣好，憑一部片子就一夜成名了，章子怡也不會覺得很委屈，她覺得因爲大家都是透過《我的父親母親》認識她的，「如果第一部不是張藝謀的戲，我也不會受到這麼多人的關注。因爲張藝謀本身就是一個號召力，就是一個賣點。你跟他工作，又是他的一個女主角，大家的關注程度也就可想而知，我覺得這很正常。我一直很感謝張藝謀，因爲他不僅給我帶來事業的開端，更主要是帶給我一次改變命運的機會。」

柏林印象

二○○○年二月，德國的天氣還很冷，而在柏林國際電影節頒獎典禮上，穿著一襲極富特色的中式禮服的章子怡，以她性感的紅肚兜、紅披肩和紅色長裙給德國的冬日帶來一片明媚的春光。張藝謀攜章子怡，以《我的父親母親》一片摘得「銀熊」桂冠。

飛抵柏林之前，章子怡還在香港補拍《臥虎藏龍》的鏡頭。初到德國，給章子怡的最初印象就是市區的建築很堅挺、很敦實，樓層一般不高，只有幾層，但横向面積很大，仿佛地震都震不倒似的，這種建築風格感覺上和他們的民族精神很類似。

《我的父親母親》的首映會上，來看影片的主要是自發的觀眾和一些參加電影節的導演、演員。張藝謀和章子怡進場時，電影還沒有開始，現場很多人都認識張藝謀，所以他一到，現場便響起一陣掌聲。談起電影放映過程中的趣事，章子怡說：「我注意到我們笑的地方，觀眾也笑；碰到感人的情節，他們也跟著流淚，我覺得他們很懂我們的電影。有意思的是，歐洲人哭的時候擤鼻涕的動作很大，所以在現場經常可以聽到擤鼻涕的聲音。」

影片字幕出來時，影片攝製組的人都站起來，直到字幕的最後一個字和音樂的最後一個音符結束，現場的燈光才亮起來。這時，主持人出場請章子怡上台，接著響起一陣熱烈的掌聲。

章子怡這樣描述當時熱烈的場面：「掌聲一直持續著，我在台上都不知該怎麼辦，就跟主持人用英語說「Next」！請下一個人上來。她回答我要等掌聲停下來再進行，於是我就給台下的觀眾鞠躬。沒想到掌聲更熱烈了，連續鞠了三次躬，掌聲終於弱下來了……」

首映會後的記者招待會反應也很熱烈，記者會的時間還沒到，會場已經爆滿了，據說這是記者會上少見的，一般只有美國的大片才有這麼多人。

在正式頒獎的前兩天，主辦單位特地安排時間讓記者採訪張藝謀和章子怡，一人一個房間，記者輪流來房間採訪，一般是從上午八點半開始一直到晚上六點半，一次十五分鐘左右。記者來自世界各地，有義大利的、西班牙的、奧地利的等等，因爲採訪的人很多，而且問的問題差不多，來自維也納的翻譯就建議章子怡少說點，他把意思翻譯過去就可以了。這樣就出現了一個有趣的現象，往往章子怡說一兩句話，翻譯卻說上一大堆。

電影節那幾天，章子怡在媒體的曝光率很高，來採訪的記者很多並不是十分瞭解中國，他們對影片相當關注，不過最感興趣的還是張藝謀怎麼選中這個女主角的。章子怡說：「很多報紙、雜誌包括電視台都報導了，他們說我很純、很討人喜歡，感覺很特別，是個很『東方』的女孩。我發現他們對我很好奇。」

柏林觀眾對張藝謀一點都不陌生，電視台在街上採訪張藝謀時，許多行人都和他打招呼。電影節期間，張藝謀導演獲得了「亞洲導演成就獎」。然而頒獎那天，有車特地來接章子怡，說送她的鮮花也已經準備好了，觀眾很想看看張藝謀新片的女主角。

二十日下午兩點，電影節頒獎典禮前評審團已經召開了記者會，向各國記者宣佈了獲獎名單。劇組成員當時非常高興，獲獎不是一件容易的事，因爲兩千部候選影片中只有五六部能拿獎，而《我的父親母親》在評審團則是全票通過獲得「評審團特別獎」！

頒獎典禮是晚上七點半開始的，當聾俐宣佈《我的父親母親》獲「銀熊獎」時，一盞聚光燈打過來，張藝謀和章子怡一前一後走上領獎台。章子怡說：「對我來說這畢竟是第一次，我非常興奮，一部電影能得到那麼多的人欣賞，我非常滿足，這比掙多少錢都可貴。」

「我下來之後，劇組的人就問我在台上哭了沒有。我說爲什麼要哭啊？他們說很多女演員遇到這樣的場景都熱淚盈眶。我說沒有，其實我自己的心態特別平衡，我沒覺得自

1

2

3

1 人們不會想到，走在北京的大街小巷，也許就曾與這位破繭而出、光芒四射的小女孩擦肩而過。

2 章子怡在鋼琴前留影。

3 章子怡深受媽媽影響，小時後最大的願望是當幼稚園老師。

1

2

3

1 俏皮可愛的章子怡。

2 兒時的章子怡長相乖巧，但身形纖細，體質也不太好，母親的同事建議她去學體操，一來身材合適，二來也可鍛鍊身體。

3 章子怡考上了許多孩子夢寐以求的舞蹈學校，開始了她爲期六年的專業民間舞蹈學習。

花樣時期的章子怡。

2002年2月，章子怡於西藏。

1

1 中央戲劇學院九六級表演班班主任常莉，與章子怡們一同合影。

2 章子怡所在的班被稱爲「中戲明星班」，袁泉、梅婷、秦海璐、劉燁、胡靜、龔蓓苾……在這個班裡，章子怡依然不是最顯眼的一個，班裡共有八個女生，各個多才多藝，每逢校內演出，常常是她們大出風頭。

2

任何一個好演員，都不會是只要經過專業培訓就可以一鳴驚人。在戲劇學院的專業學習唯有眞正的運用於實踐當中，親身去體會，並且不斷地經過補充和完善，才能逐漸轉化爲個人的演技。

2000年2月，德國柏林影展頒獎典禮上，章子怡穿著一襲極富特色的中式禮服，隨張藝謀以《我的父親母親》一片摘得「銀熊」桂冠。

章子怡在《我的父親母親》中的經典扮相。

1

1 《臥虎藏龍》中的經典場景。

2 章子怡不過份注重自己的形象是否美麗，什麼角色都肯演，老太太、農村婦女，都能演得特別眞實自然。

2

1

1 談起演戲，章子怡的言語裡便時時透著堅持，無論銀幕上還是生活中，這個小人兒，從裡往外泛著堅定而蓬勃向上的志氣。

2 在別人看來，章子怡特別幸運，有的媒體形容她是一夜成名，但章子怡並不同意這種說法。

2

1

2

1 章子怡就像法國的凱薩琳·丹妮芙(Catherine Deneuve)。她有著同樣的開場，並且有著同樣純眞的美麗。

2 章子怡覺得演戲的時候自然有自己的風格和特點在裡面，每個人都有自己平常看不到的那一面，也許是強悍的、也許是堅韌的。

章子怡早已不太在意周圍說她「攻於心計」的說法，對於她而言，唯有扎扎實實地做好自己應該做的事情，才能不辜負培養她的這些導演。

在《茉莉花開》裡，章子怡同時扮演三個人物，三個女人，三種不同的命運。

章子怡和姜文在《茉莉花開》上海片場。

2004年3月20日，章子怡亮相法國摩洛哥「中國之夜」玫瑰舞會。

2004年5月1
日，章子怡以
賽片《十面埋伏
出席法國坎城
影節。

2004年7月28日於東京NHK大廳，章子怡、劉德華和金城武走上紅地毯共赴《十面埋伏》日本首映會。

己怎麼風光，要說風光也是因爲電影成功了，大家很喜歡我的角色，並不是我個人表現得多麼多麼出色，我覺得重心不是在我個人身上。我明白我拿的不是女主角獎，而是代表全劇組領的團體獎，獲獎是大家努力的結果。」

當鞏俐遇到「小鞏俐」

在這次電影節上，鞏俐作爲頒獎嘉賓出現，對章子怡和媒體都別具意義。

從出道以來，章子怡就被稱作「小鞏俐」，在一九九九年《我的父親母親》紅遍大江南北的時候，當時《電影故事》、《大眾電視》等雜誌的封面上，章子怡被分別稱作「小鞏俐」、張藝謀的「新鞏俐」等。

不少人都抱著某種看好戲的念頭猜測當章子怡遇到鞏俐時的情景。在電影節上章子怡第一次見到鞏俐，也是在生活中第一次見到她。她覺得頒獎典禮上她很高貴，很有氣質，是中國演員的驕傲。

其實章子怡少年時的偶像就是鞏俐。據章子怡的同學說：「讀書的時候，子怡就知道自己長得很像鞏俐，尤其是嘴以上的部位，她是打心底崇拜鞏俐。她還把鞏俐的一張大的黑白照片貼在宿舍的牆上，那是一張鞏俐很酷的照片——戴著鴨舌帽，子怡當時很崇拜她，每天都會對著照片看。」

典禮之後的酒會上章子怡與鞏俐有了眞正近距離的接觸，她談到對鞏俐的印象時說：「她特別客氣，而且雍容華貴。她是主席，特別忙，要招呼很多人。她並不像媒體上說的那樣很難接近，她與張導演和我都打了招呼，我們還在一起聊天，她是很爽朗的一個人，跟我一直聊，問我畢業後準備去哪兒。近距離看鞏俐，我感覺她很美，臉色、感覺、身體狀態都很好。當時，能見到鞏俐我心情特別激動，她是那麼的漂亮，我看了她很多作品，我都很喜歡。據說這次當評審團主席，她與各國評審們相處得很和諧，大家觀點一致，合作非常開心。」

有記者問章子怡對鞏俐擔任評審團主席有什麼看法，她說鞏俐代表的是中國，鞏俐作爲一個中國人，用中文宣讀各種獎項，使所有華人都可以不用任何翻譯便悠然自得地坐在下面聽著，「作爲中國人，我感到無比的驕傲。我覺得在這麼盛大的場合，我們中國人擁有這麼重要的席位，眞是很揚眉吐氣。」

對於那麼多人關心她與犟俐的關係，章子怡自己解釋說，剛開始的時候，她的確是先作爲「小犟俐」而被大家認可和接受的。她說：「例如一篇報導，如果不寫我是小犟俐，別人就不會買了，這樣寫人們就很想看看這到底是誰。」從章子怡拍《我的父親母親》時起，很多人拿她和犟俐比，她始終不覺得這是負面新聞，對於章子怡來說，犟俐不止是她同校校友，沒當演員之前她就非常喜歡犟俐。她說：「犟俐在我心目中的地位都是不可逾越的，她在我心中是偶像。」

中戲的徐院長談到她們時說，犟俐在學生時期就很出色，所以在她大三時就被長期「借」出去拍戲了；至於章子怡，雖然她現在很外向，實際學生生涯的她並不愛說話，不過還是有老師看出了她的藝術潛質，在中戲建國五十周年的晚會上，才上大三的章子怡就被選爲主持人之一。

在表演界的前輩面前，章子怡深知自己的不足，她始終謙遜地低著頭。後來，她靠自己一步步走出了犟俐的影子，從而讓「章子怡」自己在演藝界站立了起來。章子怡對事物已經具有了較爲深刻的判斷力，她非常清楚，當初導演給了她一次機會，她抓住了，但是如果她表現不出色，或者她不努力，就不會有第二次、第三次機會在等著她。

在演藝界這一行，轉瞬即逝的流星太多太多。所以，她內心深處，並不執著於如何做「明星」，而更加看重如何把每一步都邁對了，邁得堅實有力。

或許別人曾經把她叫做「小鞏俐」，因爲同一個著名的導演成就了她們，也因爲她們面孔似乎有那麼幾分神似，但漸漸再沒有人提這個稱呼，她就是章子怡，而不是誰或者誰的替身或影子。鞏俐的美是女人的，完全成熟而母性，豔實樸拙；而章子怡的美是少女的，清靈秀潤，又罕見地攜帶著一股剛烈之氣，冰肌玉骨，鏗鏘有力。

第四章

走向世界

更高的起點

柏林之行讓這個二十歲的女孩子第一次感受到被鮮花和榮譽簇擁的驚訝和喜悅，演藝生涯的第一步就試探了一下國際水準的深度，這對她來說既是一種激勵，又是一個潛在的風險。成功無疑是對自身最直接的肯定，但如果章子怡就此沾沾自喜，不再更加嚴格要求自己，她會如炫目的煙火般匆匆消失在影壇之上。面對這些，她是否足夠的清醒呢？

事實證明，章子怡並沒有因爲一次獲獎而放鬆對自己的要求，功成名就之後，子怡對她的班主任常莉老師非常感激。常老師卻平靜地教導她說：「上了張藝謀的戲，起點很高，你要一部高於一部才行。」她謹記著常老師的教誨，拍完《我的父親母親》後，有四五部電影找她，因爲劇本不理想，她都推了。

有一天，台灣導演李安的助手讓章子怡送兩張照片去。之後很長時間沒有消息，她一直惦記著這件事。後來製片主任來電話，說李安

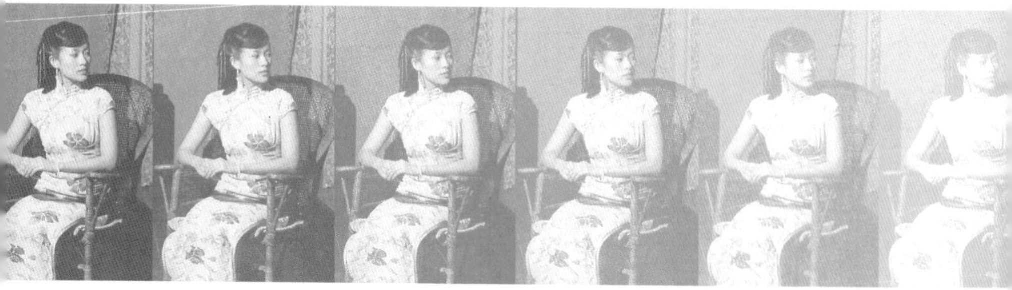

想見她，她就去了。李安給章子怡的最初印象是非常靦腆，她說：「剛見到他時，我沒臉紅，他倒先臉紅了。」他們聊了二十分鐘。又過了好久，才讓她去試妝。她很激動，心想哪怕給一個小角色，她也願意跟李安合作。但是這次見面李安並沒有給她任何承諾，由於機會渺茫，不少人中途就放棄了。章子怡是個固執的女孩，她想要的東西她就一定會全力以赴。一九九九年六月中旬的一天夜裡，她接到製片主任的電話，通知她進劇組，章子怡開心得覺都睡不著了。

眾所周知，李安是以言情高手聞名的。比如他拍攝的《喜宴》、《推手》等著名影片，都是以情感貫穿始終。繼張藝謀之後，李安把自己的目光鎖定在章子怡身上，從而製作出一部眾說紛紜、歷經幾年仍在角逐國際國內各類大小獎項的影片，這就是《臥虎藏龍》。

《臥虎藏龍》是李安拍攝的第一部武俠類作品。《臥虎藏龍》講述中國清朝兩位來自不同背景的傳奇女子——一位是官宦家千金小姐，狂野的心令她成爲大賊寇；另一個是顯赫非凡的女鏢頭，但最終只是愛情底下的弱女子，命運將兩人推至亦友亦仇、難解難分的不歸路上。飾演兩位傳奇女子的分別是章子怡和楊紫瓊，而周潤發飾演的劍客是兩女之間的關鍵人物。

在這部由章回小說改編的電影裡，章子怡扮演名叫玉嬌龍的大家閨秀，逆反、聰明、武功高強但深藏不露。玉嬌龍是《臥虎藏龍》裡十分吃重的角色，在三個主要人物中，最搶眼且著墨最多的就是她。徐克曾這樣評價李安的《臥虎藏龍》說：在這個很傳統的武俠片中，最大的超越，就是它在武俠片裡首次把一個女性刻畫得那麼鮮活、那麼圓滿。

在故事中，這個表面溫順的大家閨秀從小就被心懷叵測的乳母調教成「中毒」極深的陰險女子，爲了挽救她，一對身懷絕技而又頗富正義之氣的江湖「情侶」施展自己的種種本領與手段，最終以男主角的逝去而使其「改邪歸正」。相信看過這部影片的人，都不會忘記那個既清純美麗，又暗藏禍心極其複雜的「小龍女」。顯然，這個人物與《我的父親母親》中單純的「母親」形象相去甚遠。要演好這樣一個內外心理複雜的角色，絕非章子怡這類純情一族能夠勝任。李安何以就敢啓用僅僅拍過一部片子、閱歷極其簡單的章子怡呢？

章子怡在這部片子裡，與導演李安之間也有一些鮮爲人知的小插曲。

在角色選定之初，依照李安爲角色的定位，原本曾有位氣質狂野又冷傲，與角色更爲貼近的女演員獲選。看起來纖柔嬌弱女孩味十足的章子怡並非李安的首選，章子怡是作爲數位候選人之一被招至導演面前的。當時幾乎誰都認定，章子怡身上沒有影片角色所需要的氣質。進了劇組後，章子怡看到李安還在考核其他的女演員。

「那時我知道自己不是劇組選出來的唯一，雖然舒淇確定了因爲檔期而不參演，但是每天，我仍然能看見來來往往試鏡的女孩，而導演開始也不告訴我該演什麼，只是讓我練功。天天在那裡練功，天天看見不同的女孩從我身邊走過，這種心理壓力，現在想起來還是會覺得恐懼。」

其實從一開始，李安就存心用鄭佩佩這個第一代的俠女，加上楊紫瓊第二代的俠女，來捧他的這個第三代的俠女，所以戲沒開拍就一再換角，成了整部戲的焦點人物。李安對角色的要求，漂不漂亮是其次，至少得秀氣，但是最重要的是得會演戲。但是換角最多的原因，卻出在練功上。《臥虎藏龍》開拍前的練功開始後，連鄭佩佩都感慨這一關眞不容易過！北京的六月，天氣已經夠熱的，要逼著一個女孩兒天天練功，還想要速成武功，精通武術，本來就夠難了。這位國際級的導演，又是非一般的認眞，他不但親自全程監督演員練功，自己還下場陪同一起練習。一般來說，作爲一個導演，親自來監督練習，已經夠了不起了，現在還跟著一起練，當演員的壓力是難以形容的。而且李導演天生精力旺盛，越練越起勁，別說這些嬌弱的女孩子受不了，就是普通人也不見得吃得消。

就這樣，第一位女孩負荷不下來，沒練幾天功就病倒了，加之表現的態度無法符合導演的要求，於是被請出局。

而在十幾天的集中訓練後，章子怡靠自己肯學習、敢於吃苦的勁頭「征服」了導演，並最終贏得了這個角色。「章子怡是跟我合作過的最肯自己學習、最敢於吃苦的女演員。我相信這個個性會幫助她征服所有的導演。」這也許是李安對章子怡作爲演員潛質上的最大肯定。

她好怕李安

章子怡的朋友聽說她要拍武俠片，要演玉嬌龍，全都不敢相信，其實章子怡自己都覺得她和玉嬌龍的反差很大。玉嬌龍做事極端，骨子裡有一種陽剛之氣，「我自己則比較文弱」；玉嬌龍言語尖刻，她與李慕白吵架很尖銳，「我一般不會和人發脾氣」。

一九九九年夏秋，《臥虎藏龍》的拍攝過程秘而不宣，激起了無數記者的好奇心，報導也是五花八門，章子怡於是成了各路記者迂迴瞭解《臥虎藏龍》、李安、周潤發的途徑。

能加入《臥虎藏龍》，章子怡高興之情不加掩飾：「沒有人比我更幸運，中國這麼多演員，我作爲一個新人一開始就能和兩個優秀導演合作，眞是太受益了。」章子怡覺得李安是個非常精益求精的導演，要出任玉嬌龍這個角色的年輕女演員非得痛練苦功。

章子怡曾經有過數年的舞蹈基礎，撇開這點優勢，就全靠她個人的打拚與領悟能力了。《臥虎藏龍》給章子怡的訓練密集嚴格，每天練功上課十個小時。拍戲的那些日子裡，章子怡的生活差不多全成了「咿呀呼嘿」的練與打了。「這對我完全是個挑戰。」爲了這部武戲，她什麼本事都學會了，游泳，騎馬。「現在不管什麼樣的馬，我騎上就能跑」。

從張藝謀跳到李安，對於章子怡「運氣好」的評價眞是滿天飛了，但對於她來說，能取得今天的成績，完全是靠著能吃苦。「我認爲我是能吃苦的人，性格很堅強，面對所有的困難，我都敢去拚搏，這可能和我小時候學舞蹈有關。記得在拍《臥虎藏龍》

時，我頂著很大的壓力，拍了六個月，在剛拍時，我基本上天天都在哭，那時精神上的壓力和疲憊的體力就像一點點抽你的血、抽你的筋一樣。」

內心深處，比上這種生活，其實章子怡更喜歡在家裡玩玩電腦，看看書，聽聽音樂一類的靜態日子。

「整個拍攝期間我都很緊張、焦慮，因爲我總是覺得李安選我做女主角是一種賭博，出任這部戲主角的都是曾多次出演過武打片的明星，觀眾很熟悉他們，但我初次涉足武打片，而且我沒有任何經驗讓導演信任我，從始至終我都在擔心能不能使李安滿意。所以我盡我所能地努力工作去贏得他的信任，因爲這樣的機會很難得。」所以，不管把手腳打得流血還是皮開肉綻，還是內心裡偶爾的「怯場」，章子怡總會不斷給自己打氣：「導演冒風險選中我這個新人，而一旦我失敗了，無異於等同整部影片都失敗了，我要對得起導演和大家的信任才好！」

拍完戲後章子怡曾說她那時很怕李導演，這番言論讓同劇組的人都很納悶，李安明明是性情溫和的人，哪裡可怕了？

「我知道事前他選了很多人，最後才選中我。在那個過程中我感受到前所未有的痛苦，壓力特別大，那時候我只有四十五公斤。在新疆每天拍完戲回去就哭，跟朋友打電話，都不知道那時候是怎麼熬過來的。李安從不凶我，但有時我覺得這比罵我更恐怖。」

「我每次拍完戲他都不讓我看監視器（monitor），於是我就從他的眼睛看他的感覺。有一個一輩子忘不了的細節，我拍完一個鏡頭，去看他的反應，他沒有任何表情，就盯著監視器抽悶煙，他發現我在看他，就狠狠看了我一眼，我就覺得他幹嘛不打我一頓。」

遲來的擁抱

章子怡遠比許多人想像的要堅強，要有膽量，面對眾多候選者，她可以堅持等待試鏡的機會，而當得到機會後，章子怡又能將全部身心都投入其中。這其中，她所面對的壓力只有她自己最清楚，和家人傾訴到聲淚俱下的時候也有過，但是她最終沒有被壓力擊倒，反而化作無窮動力，在火光中衝上雲霄。

筆者曾經看過一篇報導，說影片拍攝到中間的時候，章子怡看到有的媒體上說，李安對她不滿意，很後悔選擇她。章子怡一下子呆在那裡，因爲對一位演員來說，別人說什麼都無所謂，但如果導演對你不滿意你還怎麼拍下去？章子怡思前想後，痛苦了很多天，結果去片場的路上她傷心地哭著問導演是不是對她不滿意，李安連連安慰她。

不知道這則報導是不是眞實，不過李安的嚴格確是自始至終，對於這個追求藝術上的完美的導演來說，如果章子怡的表演不能到位，他是不會放鬆要求的。

李安鼓勵演員的方法也很特別，可以毫不誇張地說，正是這個獨一無二的方法，成爲推動章子怡日後不斷提升的決定性力量。

當時，每次楊紫瓊演得好李安就會上前抱抱她，說她很厲害，章子怡卻從來也沒有得到這樣的獎勵，她說那時眞的很渴望他能誇她一句，後來章子怡想他可能是用這個方法來刺激她。

章子怡自評自己最大的優勢是「不服輸的勁兒和堅持到底的毅力」。她頂著巨大的心理壓力，自個兒起早摸黑地練劍磨演技。武打戲中演員受傷是家常便飯，章子怡總是咬著牙淚水往肚裡咽，裝作沒事一樣繼續拍攝。

有人說角色性格是自身性格的某種放大，但凡演員，總有一個角色是被視爲最接近其本色的。章子怡覺得演戲的時候自然有自己的風格和特點在裡面，每個人都有自己平常看不到的那一面，也許是強悍的，也許是堅韌的。「我願意選擇難度大的角色，當我要再過一關的時候，我會有一種衝動和鬥志。」

這鬥志如此強烈和眞實，玉嬌龍酒館打鬥一場，讓章子怡在美國觀眾心目中大受歡迎，半路出家的她更擊敗《致命羅蜜歐》（Romeo Must Die）中的李連杰贏得「最佳打鬥場面獎」，據說連哥哥章子男也開她玩笑，怕一說她壞話她就會像玉嬌龍一樣打他。

爲了拍一場打戲，李安把劇組拉到安吉，要在這兒拍十幾天。有一個鏡頭是寶劍落入十幾米深的水裡，玉嬌龍跳入水中撈劍。這個鏡頭拍了兩天。章子怡得從三四公尺高的台子上往下跳。

「以前不會游泳，現學。十幾米深的水潭，岸上的人都穿著絨衣，我穿著古裝。沈不下去，就在身上墜了鉛塊。他們高薪從澳洲請來了水底攝影師，我得在十幾公尺深的水下憋著，還得睜著眼睛。特別冷，那是一個天然瀑布匯集成的水潭。這部戲眞的太苦了。

「那時的念頭只有一個，就是要堅強，就是要面對。其實人最怕的不是體力上受到了多少的辛苦，而是需要面對精神上的壓力。現在在我人生中，所有的喜怒哀樂都是我最大的財富。

「如果沒有動力和承受力，那五個月我絕對熬不過來。我根本不會打，出劍的樣子都沒有力度，李安從來都是皺著眉頭，他也不罵我。在竹林裡那場戲，他讓我喊，我哪兒喊得出來，我沒有那個爆發力。第一次吊著鋼絲在空中，我害怕當著那麼多人喊，李安說：『你喊呀！你怕什麼？你喊呀！』現在我演戲找到了爆發力，這都是拍武打戲給我的。」

打打殺殺中，整部影片接近尾聲。結束的那天，大家聚在一起，慶祝勝利。李安第二天就要回美國，他跟大家一一道別並表示感謝。章子怡也跟大家喝酒慶賀，這時候，李安走過來，出其不意地擁抱章子怡，拍拍她說：「我看得出來你特別努力，我非常滿意，你日後碰到好戲都要有這樣的努力才是！」長長的半年以來，章子怡終於在最後盼來了導演的明確喜愛與最大肯定，她「哇」地大哭起來。整個拍戲過程中，因艱難不易而繃緊的神經與藏在心裡的諸多情緒，都在眼淚中得到了放鬆與宣泄。這遲來的擁抱，如天光般照亮了章子怡，很長時間以後，她依然記得換角時那些沈重的壓力，更記得這個擁抱，「感謝李安導演，他教會我的，不僅僅是表演。」

挖掘出的潛力

不管《臥虎藏龍》最終是得了幾人喜歡幾人反對，也不管它最終拿了多少國內與國際的獎項，章子怡的出色表現爲本部影片所帶來的「靚」，是任何人都無法迴避的。對於那些非議，年方二十的章子怡還顯得異常敏感，她為自己辯解說：「每個觀眾的出發點、人生閱歷與視角不同，可能得出的結論也會因人而異。但只要你內心裡的某些東西被這部電影所感染所提煉，哪怕就觸動了你的一點情懷，我覺得就是成功的。」獎項固然珍貴，同樣珍貴的是章子怡如此深刻地體驗了另一種與己截然不同的人生。

「拍《臥虎藏龍》的時候，電影出來後，我很震驚，我不知道自己能演個性這麼強的一個女孩子。在整個拍攝過程中，我都覺得那個角色不是我。也可能是我那種很強的一面被挖掘出來了。」

毫無疑問，李安對章子怡的影響是有目共睹的，他挖掘了這個新人在表演上的爆發力。

鄭佩佩說章子怡是個非常幸運的演員，「她從出道就演出大戲，而且都是國際級的大導演執導。我們一起拍《臥虎藏龍》的時候，我是親眼看著李安導演如何一點一點地教她拍戲，現在的新人有幾個能有這樣的機會——導演不惜時間、金錢教她演戲？」

《臥虎藏龍》的確是對章子怡的一個巨大而艱難的挑戰，無論文戲武戲她都毫無經驗，也不知道怎麼去演，而李安在幫助她塑造完成角色的過程中，起了重要的關鍵作用。李安不太愛說話，但他身上有一種很強的力量，他不是讓演員跟他學，一段戲他會讓章子怡演好幾遍，然後他說：「你有沒有可能再給我另外的方法。」章子怡就得想更多不同的方法去試，之後他就讓她「把第一遍的頭、第二遍的中間、第八遍的結尾組合起來演」。章子怡有時都記不清演的是第幾遍了，就這樣，一步一步地嘗試。

回想起自己在拍攝《臥虎藏龍》時所受到的壓力和委屈，章子怡也會覺得李安當初對她太嚴格。「現在見他，我會把跟他在一起六個月的怨恨一點點發泄出來。我也會跟他說：導演，你不知道你當初把我折磨成什麼樣子，我當時瘦成什麼樣子。我對他講這些，他也不說話。因爲他心裡很清楚他當時給了我多大的壓力。」但章子怡心裡也最清楚：人家把千斤重擔交給你，你就必須自己扛著。

李安的認眞勁兒也給她留下了深刻的印象。一個鏡頭，大家都已經很滿意了，就等著導演發話。他半天不說話，最後往往冒出一句：「要不咱們再來一個？」

在演員武術集訓期間，章子怡在李安的房間裡練小楷，她發現房間裡有許多中國武術、太極方面的書，看得出被人翻了好多遍。待她打開一看，根本沒有她想像中的圖文並茂，通篇都是些理論文字，上面勾勾畫畫，還有許多注釋，「看來李安導演讀得非常仔細。」

「記得拍《臥虎藏龍》時，李安導演對毛筆的大小，寫的字是小楷還是中楷，包括我每天的眉毛畫成什麼樣，嘴唇的形狀要畫成什麼樣，都要親自過問。真是一分耕耘一分收穫。」

章子怡後來說：其實回頭想想，拍《臥虎藏龍》時李安的壓力也很大，他的壓力全劇組都看得到，他平常不抽煙的，可到現場一根接一根地抽。《臥虎藏龍》是他很長時間都想完成的拍一部中國古典武俠片的夢想，李安後來說：「影片雖是一部武俠片，但我依然會苛求其中的藝術品質，影片還是透過電影語言，把內在的東西表達出來。我的成長經歷和生活體驗及自身感覺到的中西方不同文化感受，都會在影片中有所表達。」

從鄉下女孩到宦家千金

「李安是個儒雅的人，我很喜歡他。他是個很特別的人。在生活中，李安是一個戀家的男人，我知道他會做飯，而且很好吃。也會幫他妻子養花、餵鳥，會送兒子去上學。他不會輕易去拍一部戲。《臥虎藏龍》也是他想了很多年想清楚了才拍的一部電影。他下一部電影是關於高科技的，他說他要先研究兩年。這種做法符合他的性格。」

一部《臥虎藏龍》讓李安在拍戲過程中提煉了章子怡身上的爆發力，那也是她現在備受肯定的一點。「那是你不知什麼時候出現的『化學反應』，一旦產生，它就是屬於你的了。」但此後關於表演的自我提升和感悟都是章子怡從拍攝實踐中得來的。

信念與毅力，讓章子怡最終呈現給大家的，既是導演最初所定位的人物模樣，也是章子怡施出自己全副看家本領的結果。角色賦予了單純的章子怡複雜，而章子怡在複雜的角色演繹過程中也漸漸複雜起來，她並不掩飾自己因經歷過於簡單而帶來的對角色理解的艱難：「演到最後我才找到了感覺。」

暫且不提故事本身的可信度以及特技鏡頭的運用，是否過於「超凡」等諸多技術性問題，單說章子怡對玉嬌龍這個角色的演繹，在影片中，我們看到更多的是女主角的飛簷走壁、刀光劍影的特技打鬥。而前不久，這個神出鬼沒、武藝高強的「她」還是個只會邁著憨實步伐奔跑的農村丫頭，兩個反差如此巨大的角色，都由只在校園裡薰染過的章子怡一人飾演，而她能演出這種水準，實在令人歎服，這絕對是給那些說章子怡只有運氣的人們最好的反駁。

當初那個以梳著編辮、垂著肩膀、穿著大紅大綠固守粗茶淡飯的愛情形象跑上銀幕的章子怡，並不見得符合中年一代對初戀的懷想，但《臥虎藏龍》就不同，青春跋扈不受掌控的玉嬌龍眞是對了人們挑剔的胃口。她打動人們最主要的原因，還是她的氣質，這裡面有獨立、反叛、任性、驕橫、狡黠。李安曾這樣評價章子怡的表演：「她使觀眾把自己注入她的想像。電影裡的其實不是她，而是你。」

在章子怡看來，《我的父親母親》的角色中很多氣質是自己的，有不少本色表演，但在《臥虎藏龍》中，玉嬌龍是一個戲劇性的人物，是一個離她本身性格很遠的人，她任性、大家風範、有暗戀情結，需要她花更多的心思在表演上，也是深度挖掘她潛力的地方。

某種程度上，被章子怡放棄的舞蹈也成就了她：章子怡的身材纖細挺拔，動作優雅靈活，兵器舞在她手裡，也有了節奏和韻律，當她安靜微笑時，頭顱也總是昂得高高的，這是多年舞蹈的習慣。

於是影評中出現了這樣的盛讚：「在《臥虎藏龍》裡，我們只看到竹林上四兩撥千斤的打鬥，輕靈風雅，點到爲止。那是一個中年男子，心如止水時分，遇見了一個熱烈鮮活的年輕女人。在中國，沒有一個女人能像她，寶相莊嚴，有兵氣，卻又極其野性。玉嬌龍，是大雨落幽燕，飛鷹纏巨蟒。青春逼面而來，是奪人，也攝人的。而那份決絕和豔魅，都焚成亮烈，是寧肯玉碎，也不泥沙俱下的剛強和高貴。」

感受巨星魅力

在拍攝一部戲的過程中，能夠給予演員最大幫助的，除了導演的指點，就是與其他演員的互動。章子怡的幸運在於，她能夠師從國際級的導演指導，又能夠與國際性的演員相互交流，而章子怡的聰明在於，她懂得自己所獲得這些的意義，所以沒有浪費任何一個機會。從演戲到爲人，她都有很好的前輩爲她做榜樣，如果眼見這些優勢就在觸手可得的地方而不加理睬，那人們永遠不會看到她的成長。

戲中的玉嬌龍深愛著張震飾演的羅小虎。玉嬌龍和羅小虎在片中有段激情戲，章子怡一開始很不習慣，她在《我的父親母親》中她和她所愛的人可是連手都沒拉過一下，她說「這對我是個新的突破」。

當時章子怡不知道張震在台灣和香港很有名，只是覺得他很有自己的想法，而且總是酷酷的樣子，便對他開玩笑說，「你可占死我便宜了。」不料張震卻說：「你還不知道呢，到時不知有多少女孩要掐死你。」

談到與周潤發、楊紫瓊這樣的國際巨星合作，章子怡眞切地感悟到演員的人品與其取得的成就是成正比的：在《臥虎藏龍》中和章子怡亦姊妹亦仇敵的楊紫瓊，戲外則是章子怡眼中的好姐姐，她們戲裡打得凶，戲外好得很。每次拍攝武打戲楊紫瓊都會把她多年的武打經驗，毫無保留地傳授給了章子怡。兩人在一起練功，章子怡練得好，楊紫瓊會請她吃酸梅獎勵；看到章子怡練功練得襪子破了洞，隔天會送她一雙新襪子。章子怡說楊紫瓊非常有自信，是個很有魅力的女人，楊紫瓊的大度讓她真真切切感受到了國際巨星的魅力，每一次都讓她感動得想哭。

而楊紫瓊帶給章子怡的另一層感受，卻是由受傷引起的。拍攝的時候，第一次讓楊紫瓊受傷，章子怡嚇呆了，心想：「我把楊紫瓊劃傷了，怎麼辦？怎麼辦？」而章子怡第一次自己受傷，也是在《臥虎藏龍》，被楊紫瓊一刀劈中手指。武打片受傷是經常的事，但第一次受傷，疼得鑽心，眼淚根本不受控制，啪嗒啪嗒往下掉。突然，她意識到弄傷楊紫瓊的時候只是害怕，直到自己親歷了傷痛，才知道了被她弄傷時楊紫瓊有多疼。從那一刻開始，章子怡意識到曾經的自己是多麼不懂事，只因這一身傷痛，讓她突然懂得了理解和寬容。

讓章子怡最激動的是與大明星周潤發合作，章子怡說她是看著周潤發的電影長大的，對他的演技折服不已。在此之前她曾與發哥有過一面之緣，在她剛上中戲的時候，有一次在北影廠聽說周潤發正在那拍廣告，她特別想見到他本人，大冷的天她和幾個同學就一直在外面等，一直等到眞的看見他，雖然沒說上話，但一起照了張相——不過是五個女孩子一起。這次章子怡有機會近距離看發哥，章子怡覺得他戲演得好，藝德更好，還有些可愛。「發哥剛到北京時，特地找我聊天，消除我的緊張感。」拍攝期間，周潤發也給了章子怡許多幫助，「他的鏡頭感非常強，有時我站的位置不對，他馬上會告訴我，並把他的經驗傳給我。還有一次，因爲連續拍戲，我有點疲累，手中的劍抖了一下，他就幫我提了起來。他從來不因爲我是個新人，就不在意我。」

拍攝玉嬌龍空中的武打動作時天天都是吊在空中飛來飛去，「到二十公尺高時，頭部充血，胳膊腿都是麻的，第一天下來我就想吐。發哥跟我講話，分散我的注意力。我在空中時多說一個字都不願意，可他卻在空中唱歌。他很有經驗，知道機器位置在哪兒，他會無私地告訴你，別讓樹林擋住了你自己。」

在《臥虎藏龍》國內上映前的記者招待會上，章子怡還只是被稱爲「新秀」，儘管近年名聲躥紅得很快，但是在記者會上，幾乎沒有記者對她正面提問。當有記者問周潤發對章子怡的看法時，重情義的發哥趕緊替遭冷遇多時的新人章子怡「拉場子」，對記者說：「你的眼睛別老盯著我看，章子怡在那兒呢！」那位男記者也打趣道：「她太漂亮，我不敢看。」周潤發說章子怡很漂亮，演技也好，像他妹妹，比他妹妹漂亮，不斷地把話題遞給章子怡，讓她在記者見面會上有發言的機會。

躍上龍門入西方

章子怡的開門第一炮打得響而亮，從而吸引了許多名導演的目光；而《臥虎藏龍》是一張名片，是它打開了章子怡在西方的市場，讓更多人認識了這個中國女孩。

章子怡深知自己這一次的成功歸功於什麼，她說李安導演的優點和長處就在於會挖掘人物內心的東西，深刻地分析人的內心，作爲文戲導演以他出發的觀點和理念去拍，這就是他的成功之處，如果讓給一個武俠導演來拍，拍出來的風格可能完全不同，李安導演就是懂得美國人喜歡什麼，所以他賭對了。

《臥虎藏龍》在北美的票房成績十分驕人，韌勁十足，其排名緩慢而穩定地上升。美國每個星期都有幾部新電影推出，能夠在十大榜中熱映五個星期已經肯定賺錢了。而《臥虎藏龍》在上映九周後聲勢越來越壯，票房排名只升不降，每周向上爬一位兩位，行情還繼續看漲。開始《臥虎藏龍》在紐約地區只有曼哈頓四家專放外國電影的電影院上映，當時簡直可以說是盛況空前，晚上的票要上午去買，排隊買票的地方人山人海，輪到時剩下哪場就只能買哪場了，接近放映時間還要提前半小時入場，否則就得坐在第一排座位上。紐約人感慨地說，這種盛況好多年不見了。

《臥虎藏龍》上映之初，與周潤發、楊紫瓊兩位在國外打拚多年的經驗相比，此時的章子怡對於好萊塢還是陌生的，在各大電影獎項的提名中，楊紫瓊都獲提爲最佳女主角，章子怡則被歸類在女配角中。

但是誰都知道，在這部戲中最引人注目的角色是「玉嬌龍」，章子怡的辛苦絕非沒有回報，因爲她在片中的表現，絕對沒有讓這樣一個個性鮮明的角色流於平庸，她的野性、她的叛逆、她的固執、她的膽識……這一切都深深吸引了美國影迷目光。

《臥虎藏龍》在美國的上映使章子怡贏得了美國主流媒體和好萊塢電影圈的關注，包括《時代週刊》、《新聞週刊》在內的雜誌都將章子怡的玉照搬上了封面。她特別應邀爲《US WEEKLY》穿上中國式旗袍，娉婷地站在竹梯旁，露出濃郁的中國風情，文中斗大標題爲「北京美人」。雜誌看好她能文能武的演出，讚美發揚中國影壇武學大師李小龍的精神，同時說：「如果《霹靂嬌娃》能有四位，第四位非章子怡莫屬。」

在《臥虎藏龍》中章子怡腰際懸掛中國古代佩玉，舉手投足處處流露靈秀之氣，亦被美國影評人大爲激賞，說她「身形迷人」。章子怡爲雜誌秀出她的個人收藏，從中國油傘、雕花筆筒到中式提包都有，此舉頓時在好萊塢名門仕女中掀起一波中國服飾流行風。

負責發行《臥虎藏龍》的美國哥倫比亞公司在包括《紐約時報》在內的眾多媒體做了大量廣告。章子怡的劇照成了主要的宣傳重點。好萊塢的製片人和導演們也懷著好奇心來見她，問她能不能儘快學好英文，將來好接西語片。子怡知道：她今天受到的一切關注都得益於《臥虎藏龍》。「美國人看玉嬌龍很可愛，又很會打，他們都很喜歡。加上影片裡有中國的風景、中國的古寺等建築，再加上我們的台詞聽起來很優美，在他們眼裡就像音樂一樣，所以不少人都看了好幾遍。」許多美國的孩子看過影片後都會好奇地問章子怡：「姐姐，你怎麼飛呀？你怎麼偷東西的？」

在《娛樂週刊》二○○○年回顧特別報導中，靠著在美國掀起一股中國武打熱潮的《臥虎藏龍》，章子怡以精彩的表現一炮而紅，以大熱門的姿態獲選為《娛樂週刊》二○○○年最搶眼新人之一，與其他在當年有出色表現的眾多新人如《X戰警》中的「狼人」休・傑克曼（Hugh Jackman）、有「小迷糊」之稱的歌蒂・韓（Goldie Hawn）的女兒凱特・韓德森（Kate Hudson）及《決戰時刻》（The Patriot）裡的澳洲小生希斯・萊傑

（Heath Ledger）等一起並列榜上，此時人們已經隱隱感受到章子怡在好萊塢的光明前景。《娛樂週刊》在報導中指出，周潤發對年僅二十一歲章子怡的表現讚不絕口，認爲很難讓人忽視她。

在一個由好萊塢著名影星與歌星評選的「全球五十位最美麗的人排行榜」中，章子怡榜上有名，另一位入選的華裔明星是她在《臥虎藏龍》中的搭檔周潤發。能和茱莉亞·羅勃茲（Julia Roberts）、凱薩琳·麗塔·瓊絲（Catherine Zeta-Jones）這樣的國際巨星比肩而坐，無疑好萊塢已經把視線對準了章子怡，整個影壇都在好奇著她下一步的發展。

爲配合章子怡與成龍合演的新片《尖峰時刻2》八月份上映，海外著名時尚雜誌《FHM男人幫》在全球十四個國家、三百萬名讀者中進行百大性感美女的投票選舉，章子怡則是中文版讀者心目中最性感的女星。擊敗了「小甜甜」布蘭妮、COCO李玟、「鳳凰女」茱莉亞·羅勃茲等各路佳麗，四月號的中文版雜誌封面上，章子怡性感女神的模樣讓影迷驚豔不已，雜誌立即在台灣引起搶購熱潮，其人氣之旺可見一斑，正所謂「好運來了，擋都擋不住」。

這樣的盛譽沒有讓章子怡恃寵而驕，對於「性感」，她有自己的見解，在她看來「性感表現出來的應該是一種健康，由內而外散發的，而不完全指三圍多少……性感是一種氣質、一種味道，可能一個眼神、一個姿態讓人覺得很性感，但並沒有裸露。」隨著時尙的更迭、社會的進步，「性感」的標準也在不斷地變化。在章子怡的原則中，她會跟隨著社會的腳步前進，但「絕不會去表現低級、鄙賤的東西」。

《臥虎藏龍》、《我的父親母親》在與日本觀眾見面後，章子怡又立刻被邀請爲日本時代雜誌《AERA》拍攝封面照片。這個以政治、藝術、經濟等時事新聞爲中心報導的雜誌上，執筆人全是朝日新聞報系旗下資深的編輯，封面人物也經過了特別挑選，能夠成爲《AERA》雜誌封面人物都是各行各業的佼佼者，包括《美夢成眞》中的吉田美和、北野武、CHARA、小野麗莎、奧運金牌得主高橋尙子等人物。在《AERA》雜誌同時刊出的報導中，沒有將章子怡的燦爛星運一味歸功於導演張藝謀的厚愛，而對她在電影《我的父親母親》裡自然不造作的演技大加讚揚。

《臥虎藏龍》獲得二〇〇一年電影金球獎和第七十三屆奧斯卡最佳外語片等四個大獎。章子怡也一躍成爲國際影壇上一顆閃亮的新星。這時她只有二十一歲。

第五章

國際影壇

愛「江湖」更愛「蜀山」

章子怡說自己的成功一部分是幸運，個人的努力占了更大的成分。她成功地抓住了機會，讓更多的人認識她，無形之中也爲更多導演發現她的潛力打下了基礎。她說《我的父親母親》是她演藝生涯的開端，而《臥虎藏龍》則讓她眞正懂得了如何把握看似容易的機會。

鄭佩佩曾說，一部《臥虎藏龍》幾乎耗了李安半條命，可見劇中戲份最重的角色也必定不會輕鬆。章子怡倒是覺得自己年輕，雖然拍戲身體很累，有時也覺得快熬不住了，但挺過去就沒事。可是章媽媽心疼女兒，她覺得太辛苦，不想讓她再拍武打戲了。

章子怡不排斥接武打戲，對她來說，只要是好劇本她就會拍。她現在還沒有能力去選擇導演或者角色，一切都是導演找她。當演員並不是說誰喜歡演公主或者喜歡演盲人，她就有這樣的機會。她深知自己前兩個成功是因爲導演、劇本、演員這一系列因素共同配合獲得的，天時、地利、人和，都湊到一塊兒了，她也希望還能夠遇到第三

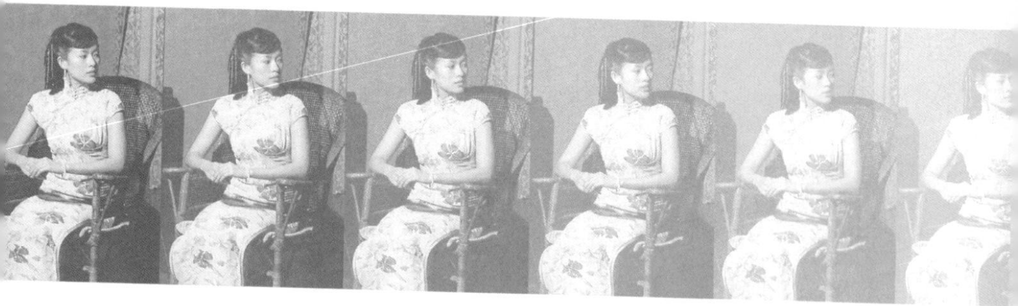

部大戲，但她覺得不會有那麼多的好運降臨。「我很慶幸遇到兩個好的導演，爲我開拓出一條很寬的路，接下來怎麼走還得看我怎麼把握。我想我以後可能會遇到一些溝溝坎坎，但老師、家人都會幫助我的。」

導演黃建中準備拍攝電視劇《笑傲江湖》，希望由章子怡來出演岳靈珊，參加完電影節回國後，章子怡認眞地把四十集電視劇本看了一遍，覺得非常喜歡角色，也希望與黃健中導演合作。但考慮到檔期的問題，《笑傲江湖》的拍攝週期很長，但不久《臥虎藏龍》要在美國和世界各地上映，她要跟著劇組去做宣傳。另外，馬上面臨畢業分發，她既要找工作，又要準備論文答辯和一次考試以及一個畢業大戲，老師也希望她能參加畢業演出。由於無法調整檔期，與電視劇的「第一次親密接觸」錯過了。

與此同時，另一部影片向她發出了邀請。

年初章子怡去香港領一個新人獎，頒獎禮上要播放一段獲獎者作品的片斷，章子怡領獎時放的是《臥虎藏龍》。拍了許多精彩武打片的導演徐克覺得這小姑娘還挺能打的，問章子怡是否看過他十八年前拍的《蜀山》，並說想找她演《蜀山傳》裡的一個女將軍，當時章子怡覺得挺好玩兒的，問徐克導演：「不可能吧？我的樣子太小巧了，太纖細了。」徐克樂滋滋地說：「怎麼不可能？那反差很大，很有意思。」

後來參加完柏林電影節回來，章子怡直接去了香港，主要是想看看《蜀山傳》的劇本，這個戲是個商業片，拍攝週期短，而且她很想跟徐克導演合作，雖然當時章子怡自己都質疑能不能演，不過一想，既然導演都有信心，嘗試一下也無妨。

《蜀山正傳》的故事頗富傳奇色彩，章子怡所演的女將軍程樂天羡慕天上的諸神，她要盔甲在身，隨時騎馬打仗，覺得在人間生存非常艱難。她渴望成爲神仙，過無憂無慮的生活，於是上天拜師，然而天上的神仙卻覺得她不理解做人的好處。

劇中章子怡穿的是粗布麻衣，造型和以前反差特別大，她覺得很有意思：「穿上戎裝，一身盔甲，跟花木蘭一樣威風。」在北影廠試裝時，徐克導演邊看邊改，章子怡身上被裹得一塌糊塗，身上腿上纏了很多麻布，還要穿上盔甲。弄了大半天，她始終不知道自己什麼樣子。跑到化妝間一看，差點沒笑死。穿上這身行頭拍戲，白天可沒少受罪，本來她身材瘦小，盔甲裡面要先穿個棉襖，才能撐起來，時間正值初夏，把她熱得夠戲。

章子怡在裡面只是個大配角。她說她不會把《蜀山正傳》寫在自己的作品履歷裡，因爲她覺得那不是她主演的作品。演這部片其實只想跟徐克合作，對他相當欽佩。她認爲徐克就是一個工作狂，可以三天三夜不睡覺，還很會畫畫，每場戲爲演員講人物感覺時，時常需要畫圖，現場的一個木板架上都是他畫的圖。他是很多變的一個人，很活躍。「徐克特別爽快，拍戲時他要什麼會和你說，如果你表現得好，一遍就可以過，跟他拍戲壓力不是很大。他是一個聰明、思路敏捷、挺乾脆的人。拍戲風格追求詭異、前衛。」

新版《蜀山正傳》中，章子怡演的「將軍」。十八年前的《蜀山》中是男的，當年由元彪演出，「仙女」一角分別由兩代玉女「掌門」：十八年前是林青霞，如今是張柏芝。

《蜀山正傳》是一部商業運作的電影。章子怡覺得這對她是一個不同風格的嘗試，跟著徐克拍戲也會學到許多東西。她看了徐克以前拍的《蜀山》，說：「那個時候就拍成那樣，這次應該不錯。」

除了接拍幾部大導演的戲引起人們的關注之外，章子怡還在幾個知名品牌的廣告和代言中亮相，進一步提高了人氣。頻繁亮相國際電影節，在世界各地穿梭，忙到沒有時間和親朋好友聚一聚。此時的她，絕對不再是那個曾經被人忽略的小女孩了，而是攝影機、麥克風聚焦的焦點，面對媒體的表現也更加圓熟，懂得避重就輕了。章媽媽說起女兒，都會很驕傲地說章子怡從小獨立性就很強，相信她能處理好各種事情。

在中國，電影市場沒有電視劇市場廣闊是不爭的事實，章子怡沒有出演《笑傲江湖》，其實是放棄了一個可以更快在觀眾中提升人氣的機會，此時的她清楚自己前面的成功是因爲有兩位大導演相助，而要證明她自己的成功，還有很長的路要走。她現在要做的，是放下對個人名譽的追求，並且繼續拓寬自己的演技，這一放一收，子怡做得漂亮至極。

走出校門，躍出國門

就在這年，章子怡從中央戲劇學院正式畢業了。此時的章子怡雖只拍過幾部電影，卻早已名聲在外，每次上大課的時候，老師念到她的名字，總有一些低年級同學目光一致地掃向她。

此時人們對像章子怡這樣少年得志的小明星，除了作品之外，在學校裡的生活也成了媒體關注的焦點。她們進行畢業答辯的過程還被中央電視台《影視同期聲》全程錄影。章子怡的論文前後醞釀了很長時間，其間也和常莉老師多次交換過意見，最後定下的題目是《演員的想像力在表演中的特徵》。章子怡的論文裡明顯帶著她自己的語言風格，常莉老師說：「一看章子怡的論文，就知道是她自己寫的，而且很下了一番工夫。在論文裡，她具體舉了拍話劇《大荒漠》和電影《我的父親母親》、《臥虎藏龍》的例子，來說明演員所需要具備的想像力和普通人的區別。以章子怡這樣小的年齡，有很多事情她都沒有經歷體驗過，章子怡說她是透過看書、看電視劇、查資料，借助合理的想像力來幫助自己完成角色的。」章子怡的畢業表演作品是和同班同學一塊兒合演的阿瑟·米勒的名劇《洋麻將》。在劇中章子怡扮演一個老太太，平時看章子怡是一副小孩模樣，但演起來確實很像，能讓人相信，這就是因爲章子怡借助想像研究把握了人物的心理狀態。

參加畢業典禮當天的最後一項是穿學士服拍畢業照。在換衣服的時候，章子怡顯得很是興奮，並掏出小鏡子左照照右照照，旁邊的同學也都是互相幫忙整理衣服，等待著全班的最後一張集體合影這一具有紀念意義的時刻。九六級畢業班的班主任常莉老師這天也顯得特別年輕，對於一個老師來說，看到自己教出來的學生有了成績，是莫大的安慰。說起章子怡和袁泉她們，常莉老師就像媽媽說起自己出息了的孩子，顯得特別欣慰。

之後章子怡就開始《臥虎藏龍》的全球宣傳之旅。跟隨《臥虎藏龍》劇組去美國做宣傳的時候，章子怡爲不少雜誌拍攝了大量的封面和插頁，做了許多專訪，她的身影開始爲越來越多媒體關注。許多人認爲她是繼鞏俐之後，中國女演員躍升爲國際影星的又一驕傲。

對於這些關注，章子怡始終以一顆平常心對待，她說：「我只是普通女孩，當前最關鍵的是要不斷前進，創造更多更好的角色，讓更多的觀眾喜歡，這才是最開心的。我不能和鞏俐她們比，鞏俐雖然沒拍過好萊塢的片子，但拿過國際大獎；楊紫瓊沒拿過國際大獎，但拍過好萊塢的片子，所以說我是國際影星我不敢要，這頭銜放在頭上晃蕩，沒有說服力。我現在的心態特別平和，我清楚自己的位置，我不一定給自己一個目標，在多少年內要達到什麼水準，這太遠了。現在大家可能還覺得我很嫩，才二十歲，但二十五歲也好，三十歲也好，我一定會向大家證明章子怡不是靠運氣，不是靠大導演提攜獲得成功的。」

章子怡現在最關心的是在意每一個角色，因爲關注她的人不止是中國的，還有東南亞、美國和歐洲的片商和觀眾，他們對她期望值很高，要回報他們就容不得半點草率，得有好作品。否則她很快就會被拋棄。「而且，拋棄的速度非常快，別人可能是逐漸的，細水常流，我可能一下子就被拋開了。這一點我早就意識到了。」

從《臥虎藏龍》揚名國際後，章子怡說還沒有感受到自己和以前有什麼不同，「我是一個不把自己太當一回事的人，我沒變過，如果有變化，再回頭找就有很強烈的感受。」不過她已經體會到被人注目的感覺了，有次去參加一個活動，她戴了帽子和眼鏡，結果還是被認出來，章媽媽在旁邊打趣說：「女兒，你現在終於成明星了。」她這時只是認爲挺好玩的，以前上街誰都不認識她，現在卻突然有很多人知道她。

還有一次，章爸爸開車載著章子怡，因爲沒繫安全帶被公安臨檢，章子怡一下車立刻被公安認出來，後來就說下不爲例放他們一馬。章子怡說不知道是不是人出名也會得到更多的包容，所以成名後不管是誰要求合照，她都能配合就配合。哥哥公司的同事、朋友也經常索取她的簽名，每當這種時候她還會緊張，讓人覺得站在面前的女孩子眞的沒有什麼特別不同之處，就是一個普通女孩。

章子怡還會因爲在國外感受到影迷們的關注而雀躍不止，在法國的時候，到巴黎街頭或者羅浮宮參觀，都有許多法國觀眾認出她，過來和她握手、拍照。在美國也有很多人認識章子怡，因爲東方人很好認，她的樣子又是他們心中很典型的東方女性形象。她說：「當時，除了高興以外，還有一種滿足感，因爲這時我代表的不單單是『章子怡』，而是一個中國演員。他們喜歡我，他們會由衷地表達對我的愛意、對中國電影的熱愛。」

第一部外語片

整個二〇〇〇年的夏天，章子怡都在世界各地隨影片《臥虎藏龍》劇組人員做巡迴宣傳，剛完成在新加坡、韓國、日本和香港、台灣等地區的亞洲宣傳，章子怡又應邀出演了由韓國SidusCorp株式會社拍攝的影片《武士》。

選擇章子怡出演女主角的契機也是《我的父親母親》，選角開始的時候，影片的製片人恰巧到中國辦事。雖然他不懂中文，但他還是在街上的海報中認出了張藝謀的名字，於是他買票進影院看了《我的父親母親》，頓時對章子怡產生了興趣，還竭力鼓動在韓國的導演也來中國看了這部張藝謀的影片，最終雙雙敲定女主角就用章子怡。

《武士》是章子怡接下的第一部外語類影片，她說《武士》是韓中兩國電影人首次大規模合作，作爲中國演員能與韓國同行合作，她感到機會難得，也很高興。

該片陣容強大，導演金信洙（Sung-su Kim）蜚聲韓國，執導的《暗無天日》、《BEAT》、《兵臨城市》等片票房收入很高，由曾投拍名片《八月的耶誕節》的趙敏煥擔任製片人，還集結了曾承擔陳凱歌的《霸王別姬》、《荊柯刺秦王》的中方製片人張西亞、日本電影史上第一次音樂銷售超三百萬張的作曲家鷺巢詩郎（SAKISUSIRO）以及《臥虎藏龍》的美術組等中日韓三國最佳陣容。在演員方面，除了章子怡，《武士》還網羅了很多韓國演技派演員，包括鄭雨盛（Woo-sung Jung）、安盛基（Sung-kee Ahn）、朱鎭模（Jin-mo Ju）。該片從籌備到後期製作歷時五年，耗資七十多億韓元，創下韓國影史上最高投資紀錄，拍攝地點跨越中、日、韓三國數千公里，動用超過三百名中韓工作人員。韓國舉國上下都在關注這部戲。

《武士》透過描寫明代芙蓉公主在出逃途中被劫持而被高麗人救出後引發的一段恩怨情仇故事，反映出當時人們情感的衝擊和對人性的感悟。戲中章子怡飾演芙蓉公主，是明朝開國者朱元璋的幼女，這是一個生性高傲、性格複雜最後心靈發生變化的角色。

章子怡在反覆讀過劇本後對這部戲的理解是，當兩個人初次相遇，他們之間只是最爲普通的關係，但當他們開始互相理解之後發現，他們都開始渴望瞭解對方更多的東西。

由於語言交流的障礙，起初章子怡要花費好多時間通過翻譯與導演溝通，經常要談到半夜。拍攝的過程中，章子怡也會把她的許多想法不斷跟導演交流。原劇本給章子怡的人物並不突顯，因爲是韓國人寫中國戲，缺少神韻，「芙蓉公主」這個角色性格很平，章子怡就花時間和編劇磨劇本。她說當時每天夜裡都睡不著，爬起來改劇本，然後找導演談到淩晨三四點。

隨著與導演交流的增多，章子怡發現，她的戲份不斷在增多，也就是說，導演在拍攝過程中，又根據劇情需要不斷地調整劇中人物的分量。經過一段時間的磨合，章子怡與導演之間已經不再需要翻譯。越過語言，他們用眼神就可以互相交流了。韓國導演這樣形容說：「我跟章子怡是心有靈犀一點通。」對章子怡的褒獎與喜愛溢於言表。

沒戲份時，章子怡並不會擺出「事不關己，高高掛起」的態度，她會在導演身邊對他提出許多建議，而導演也非常看重她的意見。在拍攝自己那部分戲的時候，導演卻並不對她提出過多要求，而只是做一個把關的動作，著重在鍛鍊章子怡對劇本的創作能力、鍛鍊她對其他角色的判斷能力。因此，章子怡說，拍一部《武士》，無異於為自己的人生與演藝事業眞正上了一次大課。

中韓攜手

章子怡剛拍《武士》時，飾演男主角的兩位韓國明星還不知道她是誰。鄭雨盛抵達北京拍戲後才知道章子怡，「片中的公主必須要講中文，所以得由中國人演，後來才知道女主角章子怡演過《我的父親母親》，我就去找那個片子來看，當時很吃驚，覺得她的演技很好。拍攝《武士》過程中，《臥虎藏龍》出名了，我就又去找來看，看完還是嚇了一跳，因爲她在兩部片子中的表演很不同。」

有記者問男主角是否在拍攝《武士》時曾與章子怡傳出緋聞，鄭宇盛開玩笑地說：「和章子怡傳出緋聞是很幸運很驕傲的事，她是國際級的明星，而我只是韓國位演員，只可惜我們沒有緋聞。不過我希望在北京她能請我吃飯。」

另一位演員朱鎭模對章子怡也讚賞有加，「剛開始我有點擔心，因爲和女主角言語不通，但是後來發現她是個很負責、敬業的女演員。在拍攝現場我發現章子怡很聰明，導演的要求她很快就能夠心領神會，拍攝過程因此十分順利。她責任心很強，有一次拍攝時病了，導演讓她放假一天，但她爲了顧及全劇組，還是在淩晨很冷的時候來片場繼續演。」

不過，《武士》依然是一部純粹的「古裝戰爭片」，有人問章子怡是不是爲了打開韓國市場才接戲的，章子怡說市場和演員之間、導演和演員之間、製片方和市場之間等都是一種相互關係，別人對你有邀請、說明對方需要你。「對我來說多與不同的人、工作團隊合作是好事，總會積累一些東西。在工作過程中最好把各個環節協調好，拍完了要對得起自己選的角色和劇本。」

章子怡評價《武士》是一部典型的韓國片，透露出非常傳統的韓國武士精神。對於自己出演的角色，她說：「這個角色很有意思，雖然戲份不多，但前後有性格發生轉變的交代，這個人物單拿出來也會是一部很好看的電影，但是我在《武士》裡同時有九個角色要顧慮，這對導演來說太難了，我能發揮的空間也就很小了，拍完之後，我常覺得演得很不過癮呢！」

曾有人質疑「芙蓉公主」除了不會武功以外，其他都跟《臥虎藏龍》中的玉嬌龍極爲相似。章子怡則表示：「其實並不一樣，玉嬌龍的性格沒有變化，始終是叛逆，不斷地逃脫、釋放，而芙蓉公主在出了宮，見識到外面的人和事之後，性格大變，所以我把芙蓉看成童話式的歷險記。」

現實中的「芙蓉公主」爲了拍這部影片，還眞是有一番「歷險」。章子怡和戲中三位演員在拍攝前四個月就接受特訓，練習武術及騎馬，務求做到眞材實料的幕前演出。不過眞正艱苦的是影片拍攝，片中場景幾乎都是乾燥炎熱的沙漠，海風也透出強勁的威力。最辛苦的一段，就屬在遼寧新城拍攝片尾決戰戲，由於韓國方面規定章子怡必須在四個月內完成她的戲份，所以這段戲開拍已是寒冬。章子怡對那段經歷也記憶猶新：「當時已是十二月下旬，東北的天氣冷得要命，而劇組條件很差，又沒有取暖設備，我差點凍哭了。」劇組人員幫章子怡準備了厚達兩公釐的潛水服，讓她穿在戲服裡禦寒。然而厚重的潛水服雖然能夠保暖，卻也讓章子怡的動作變得笨拙而緩慢，還好章子怡武打動作很少，影響不大。後來，劇組還在當地買了鐵桶，四周紮上洞在裡面燒木頭取暖，但一次需要點燃好幾個才夠用，演員和工作人員就圍在旁邊，有時候睡著了，羽絨服也被烤焦了，差點釀成火災，章子怡直呼這樣的經歷眞是少有。

雖然拍攝過程很累，但是章子怡還是被韓國電影人的精神所感染，她說他們工作態度非常嚴謹，甚至完全是義無反顧的，對自己的責任很緊張，許多壓力都是自己給的。另外韓國人尊敬上級、長輩、師長的觀念非常重，演員不管名氣多大，戲拍完了也不走，要等導演。他們有一個師父級的演員，如果他在拍戲，大家都會在現場陪著。

她覺得韓國電影的創作環境好，電影人非常團結。韓國媒體、觀眾有保護本國電影的傳統，所以他們創作的空間非常大，可以拍一些非常新奇的題材，像《我的野蠻女友》，之前誰也想不到能引起這麼多人的共鳴。「這對中國電影界應該有所觸動。我們也應該多湧現一些大膽的、敢做事情的年輕人。」

可以肯定的是，無論此時章子怡是否有過邁向國際影壇的想法，她都十分重視與韓國電影人的這次合作，跨國的合作令她體會了面對不同語言，在看似無法溝通的狀態下如何配合完成表演。經歷過這些的章子怡對發展的方向有了更加開闊的視野，她逐漸看到了自身的潛力，也意識到內在的侷限，正是這種自我的認知引導她勇於嘗試更大的挑戰。

百花影后

有人說，二〇〇〇年的中國娛樂圈，章子怡是最大的贏家。這個青春亮麗的二十一歲女孩帶著她的處女作和第二部電影作品，從年初的柏林影展開始在國際上亮相，坎城電影節、「百花」獎、金馬獎、多倫多影評人協會獎一路掃蕩過去，迅速走紅的速度比前輩們快幾倍。

對於她所獲得的肯定，章子怡說她非常開心，可以給自己表現打八十分。很多人都說章子怡就是因爲有機會，沒有機會她什麼都不是。「我當然是靠機會出來的，否則我不會那麼快就被大家所認識，」章子怡回答得很乾脆，「可是機遇之後呢？就沒有人去想了。」

「那些『倘若』、『或是』、『如果』我都不喜歡去講，因爲這一切畢竟都已經發生了，我今天一大半的成功是靠我的機會，如果沒有這樣的機會我眞的可能躲在家裡面不知道幹什麼。既然我有機會了，就做出個樣子來，至少我沒有辜負這些導演給我的機會。」

不難想像，如果沒有張藝謀最初的賞識，章子怡或許至今還在什麼舞台上跑龍套也說不定；如果沒有李安讓《臥虎藏龍》走向國際舞台，有些人當然不會給章子怡先行戴上「國際影后」的高帽。所謂機遇總是青睞那些有頭腦肯努力的人，假設章子怡沒有抓住或者抓好張藝謀遞給她的機遇，接下來不會有李安的力邀；又假如在李安的片子裡，如果章子怡因爲人物複雜難把握，以及吃不消那麼多辛勞，從而丟失了自己拓寬視野的機會，她可能永遠就是「鞏俐第二」了。她能夠不斷打破大眾給她設計好的模式，走出鞏俐的「影子」，一步步讓自己在藝術舞台上站立起來，這種意義遠大於被動地接住一次機遇。

從十一歲離家就讀舞蹈學校開始，到就讀中央戲劇學院，章子怡對每一項課業都盡心盡力，努力讓自己成爲一個頂尖的表演人才。因爲她的認眞執著，讓她成爲一個具有各種可能性的演員，章子怡是借助導演們的光環閃耀了自己，但是在機遇、才氣與努力的共同作用下，才能讓她在短短的時間內成爲國際級的明星。

二〇〇〇年章子怡說最深刻的事情是她獲得百花獎最佳女演員獎：「百花獎給我特別不一樣的動力，我沒想到，特別意外。」

在百花獎開始投票時，章子怡還和媽媽說「你投我一票吧」，章媽媽說那多不好意思，人家會說的。章子怡說人家也不知道你是我媽媽，這對我也是一個激勵嘛。章媽媽笑道，全中國有十幾億人呢，就一個人的力量也不行啊。

最終，「百花獎」影后的桂冠在許多知名女星的凝視中，穩穩地落在了章子怡頭上。這表明，章子怡已經成爲中國百姓家喻戶曉的人物。

章子怡本想那是她第一部電影，觀眾不一定喜歡。普通老百姓會把票投給那些他們熟悉的、有很多年經驗的演員。結果沒有想到眞的得獎，她說這是特別的驚喜，「因爲這獎畢竟是普通的老百姓評出來的，是他們親自一張張塡寫寄出去的，所以我很感激他們。我覺得得獎的最大動力，就是要用更好的狀態去拍好電影，給觀眾們好看的電影，這是我能爲他們做到的，是我的回報。」

四小花旦

這一年，媒體上出現了一個有趣的稱謂：「四小花旦」，指的是近一兩年在國內影視界風格突出的四位女星，徐靜蕾、周迅、章子怡、趙薇。這個稱謂最初是一家媒體刊出的，叫著叫著也就約定俗成了。究其流行的緣由，是因爲這四個生於七〇年代的女子各成一派、各有所長，在同類型劇作中又獨領風騷。

最先一個是趙薇，隨著一部《環珠格格》的熱門，「小燕子」這個風風火火，時常惹麻煩的活潑形象，迅速贏得大批觀眾，受歡迎程度用「狂熱」都不過分，雖然一度「小燕子熱」隨著《環珠格格》的退潮而降溫，但趙薇在觀眾群中影響力依然可觀。要說一時的人氣，誰也無法與「格格熱」時的她相比。

而此時的周迅似乎是最有希望成為新世紀伊始中國影視界的女一號。翻開她的履歷，你會發現一個如此年輕的女孩子演過《女兒紅》、《風月》、《荊軻刺秦王》等近十部電影和《大明宮詞》、《人間四月天》、《紅處方》等十多部頗有影響的電視連續劇，並且給觀眾留下了極深刻的印象。在《大明宮詞》中她的戲份並不多，但是率眞活潑、古靈精怪的扮相讓她在中國得到越來越高的評價。

四人當中徐靜蕾的氣質、個人修養和偶像好感度數一數二，而且備受好評。她時尚、另類，處世風格雖然低調，卻還是擋不住人們注意的目光，她出演了《將愛情進行到底》、《一場風花雪月的事》等電視劇，青春玉女的形象令人過目難忘。

此時的章子怡比起另外三人，還不是特別顯山露水，但若說到人氣和媒體的關注程度，章子怡可就當仁不讓了。雖然在《臥虎藏龍》中與周潤發、楊紫瓊等一班國際影星的合作中表現不俗，但還是有很多觀眾甚至不知道她的藝術形象。而更多的人對她的印象都是來自緋聞，她只演了為數不多的幾部電影，但電影之外的各種傳聞使她在這個偏愛個人隱私的時代知名度暴漲。

與另外三位花旦相比，章子怡最大的不同就是她不接電視劇，其實她早就跟很多演員聊過這個問題，她知道中國電影市場太小，如果接一兩部走紅的電視劇就能讓人一夜成名，但是她覺得在大銀幕前和觀眾見面的感覺非常好，另一方面隨著幾部電影的成功，片約開始接連不斷的來訪，拍電視劇會成為她的壓力。

每個人事業開始時的狀況都不一樣，面臨的選擇也不一樣。現在的電影和電視都有很多題材，可以選擇的面很廣。章子怡覺得對年輕演員來說，「一定要注重學習，提高個人修養。經過四年的學校生涯之後，我發現其實那四年對一個專業演員來說是遠遠不夠的，更主要的是在現實中積累。」

對於與自己並稱「花旦」的其他幾位，章子怡說看過她們一些作品，像趙薇的《環珠格格》，周迅的《人間四月天》，徐靜蕾的《將愛情進行到底》、《愛情麻辣湯》，「有了這些好演員的出現，使競爭產生了動力，而導演的選擇也越多，創造的藝術空間也更大。我不怕和別人競爭。」

「現在一批年輕的演員素質都滿高的，相比之下我倒覺得她們的經驗比我豐富得多，她們拍電視劇塑造的角色，都多過我很多倍，有很多我都可從她們身上借鑑，對於演戲這個領域來說，我是個新人，我才演了四個角色，演戲就是這樣，演了多少水準就可以達到多少。外面的人總說我如何如何，其實都是大家把我捧得太高。我從來不覺得自己有什麼了不起，總共就拍了那麼幾部電影，而且還有很多人沒有看過——進電影院的人畢竟少啊。只是我自己很愛這一行，就是很拚很拚的那一種。」

嘗試反派角色

張藝謀、李安、徐克、金信洙，章子怡的履歷表中已經有一串與聲名顯赫的知名導演合作的影片，從青澀少女到當紅花旦，只有短短兩年的時間，章子怡無疑創造了一個成功學的神話。機遇、努力、悟性，這些都是構成她成功的重要條件。一方面她的刻苦讓機會牢牢把握手中，另一方面她良好的悟性也讓自己付出的辛苦得到回報。

有人說一九九九年是趙薇年，二〇〇〇年是周迅年，二〇〇一年則是當之無愧的章子怡年，憑藉一部《臥虎藏龍》，章子怡走上國際影壇，而各種獎項也是紛至遝來。而章子怡的行程更是已經沒有任何的空檔，她的舞台正在遍及世界各地。

《臥虎藏龍》在世界範圍內的大放異彩，給這個初涉影壇的北京女孩一個進軍國際市場的絕佳機會。看中了她帶給英語世界的新鮮感，成龍的《尖峰時刻2》（Rush Hour 2）立即找上門來，在二〇〇一年的春節晚會上光彩露了一臉之後，章子怡就遠赴美國拍攝她的第一部好萊塢電影《尖峰時刻2》。

這部由美國NEWLINE電影公司投資、成龍和好萊塢黑人明星克里斯塔克（Chris Tucker）及章子怡聯合主演、耗資九千萬美金的動作片主要承接《尖峰時刻》內容，講述成龍營救在港被綁架的搭檔克里斯塔克，片中自然少不了充滿「成龍風格」的打鬥場面。該片導演布來特．瑞納（Brett Ratner）很年輕，是《尖峰時刻》第一集的導演。《尖峰時刻2》想找章子怡出演的時候，她還在外地拍韓國電影《武士》。導演布來特．瑞納打電話給章子怡，想和她面談，於是章子怡告訴他回京的時間，布來特．瑞納就在那天飛到了北京。

之前布來特．瑞納已經找過很多港台明星，但他沒有找到他滿意的女主角。他到北京見到章子怡後很有感覺，便讓她踢踢腿，章子怡開玩笑說不要讓她踢，否則他會嚇倒的。見識了章子怡的基本功夫，布來特．瑞納沒幾分鐘就開始和章子怡談人物和這個角色的武打動作。

章子怡問導演：「你現在就跟我談這些，是確定想請我來演嗎？」布來特・瑞納當時雖然沒有直接說他要請她，但他告訴章子怡說已經看了《臥虎藏龍》，他簡直是有點崇拜她。布來特・瑞納的話讓章子怡感覺到了這位美國人眞誠單純的一面。布來特・瑞納二〇〇〇年十二月底在北京認識章子怡，二〇〇一年一月底，章子怡就進了《尖峰時刻2》劇組，前後時間不到一個月。因爲這部影片，章子怡跨進了好萊塢的大門。

章子怡在這部影片裡演的是一位名叫胡莉（Hu Li）的炸彈專家。這個人物很有特色，壞到骨子裡，又寡言。按照章子怡自己的話說，這個角色「很性感很美麗也很有女人味，但她專門和成龍、克里斯塔克作對。她常常會把一顆炸彈放進別人的嘴裡，然後笑著告訴人家說：你嘴裡有一顆炸彈，一旦爆炸，你的牙齒就會鑽進腦袋裡。她講話的語氣就像話家常一樣，聲音很柔弱，但說出來的話卻讓你膽戰心驚。當成龍想殺死她卻又因她的可愛而不忍下手時，她會一腳向成龍他們踢去。她在影片中是一個大反派。」

章子怡不想當花瓶，所以出演反叛角色讓她覺得很有意思，「壞人更難演，但給觀眾印象更深刻，例如勞勃・狄尼洛（Robert De Niro），他的反派角色就特別深入人心。」

最初導演選上章子怡去演《尖峰時刻2》時，只是請她演幾個反派中的一個角色。

後來等她進了劇組並看了她的表現後，便決定把其他幾個反派人物都拿掉，把所有反派的戲都加在她一個人身上。如此，章子怡就由配角變成了主角。角色的性格也是導演見了她後改成現在的樣子。

對於章子怡來說，拍攝這部電影最難的還是武打部份。儘管她在《臥虎藏龍》中的武打動作很漂亮，但此之武打跟彼之武打風格不同。「拍《臥虎藏龍》時，我對武打戲完全是白紙一張，是他們教會我如何運用身段、如何才能做得很美，但《尖峰時刻2》要的是實體打實體的武打動作。」因爲劇組的人基本都看過《臥虎藏龍》，所以章子怡在《尖峰》劇組拍戲的第一天，就有很多人去看她，想知道她會如何去打。但第一天打下來的結果卻只得到成龍的一頓責備。

章子怡這時才知道：她需要重新學習一種新的打法，這裡已經不是《臥虎藏龍》了，無論那曾給她帶來怎樣的光彩，只要走進一部新戲，她都要重新開始，過去的一切只能作爲重要的參考經驗，而絕不能生搬硬套。儘管她不會打，儘管她學得很苦，但她對成龍要求說：「只要不是難度太大的動作，我希望由我自己來做。」因爲她相信：只要演員付出了，觀眾都會看到。

接觸好萊塢

拍《臥虎藏龍》時章子怡很緊張，她知道自己沒什麼讓導演心裡有底的地方，沒什麼作品給他們看，她說，猜想當初拍《臥虎藏龍》時說不定李安比她還緊張。但拍《尖峰時刻2》就不會這樣了，因爲有《臥虎藏龍》的經驗，所以導演不會緊張，對章子怡很放心。

雖然是第一次到美國拍戲，但章子怡在劇組受到的待遇就像一位明星。一切的原因都是因爲有了《臥虎藏龍》。「我沒想到大家會那麼尊重我，是《臥虎藏龍》爲我打下了的一個太好基礎。」她感慨道，「劇組的人都很照顧我，很疼我。無論男女老少，他們都很愛我。我的化妝師每天都要親我無數次。我和他們相處得很好。」

與成龍拍戲，章子怡覺得他很隨和，沒有明星架子，很會爲人處事，會照顧人又有親和力。拍戲的時候，成龍懂得他要的是什麼，電影裡的打鬥場面都是他自己設計的。「在美國，成龍的電影非常受歡迎，他有一群相當忠實的觀眾。在拉斯維加斯拍戲，他每個週末都帶我們出去吃飯、打電玩，所有的美國小孩兒見到他都不走，圍著他看，你就能感受他的電影在美國的票房，美國人絕對不能忽視他。」

《尖峰時刻2》殺青那一天，導演宣佈：「女士們先生們，章子怡的工作結束了，我們向她表示祝賀！」話一說完，劇組的人便和章子怡擁抱，所有人都哭了。章子怡特別感動，說從來沒碰到這麼令她感動的工作人員，他們很眞實，每個人都很包容她，每個人都很寵她、遷就她，這樣的合作令章子怡愉快而難忘。

《尖峰時刻2》是章子怡眞正在意義上跟好萊塢電影人的接觸，她那時候一句英文都不會說，全靠成龍幫她翻譯導演的想法。不過她對這次合作留下一個印象，這裡的工作跟中國有許多不一樣，讓她感觸很深的幾件事是第一天到劇組。工作人員帶章子怡去吃飯的地方，那是一個很長的篷子，有中國菜、日本菜、義大利菜、美國菜等，各式各樣，在中國拍戲大不了一個盒飯，最多是導演多幾個菜而已，這是第一大驚訝；第二大驚訝是洗衣服，他們將一輛卡車改成一個洗衣間，在裡面現洗、現燙、現做、現改；第三大驚訝是他們拍出來的膠片十五分鐘後就可沖出來看，機器全是數位的，章子怡感歎他們擁有這麼專業化的設備，在中國拍《臥虎藏龍》時，她在沙漠三天不能洗澡，當然更不可能有洗衣車了，但她很自豪地說：「我們拍出來的影片同樣在國際上拿大獎，還有《我的父親母親》也是，所以對美國電影工作者來說，他們沒體會過中國人拍片的艱辛，他們更應對電影鞠躬盡瘁。」

《尖峰時刻2》在美國的首映會場面恢宏，可見對於電影界來說，這部電影的上映是一件非常重要的事情。整個洛杉磯的媒體全部出動，有紅地毯，有各路明星捧場。那一天劇組成員是主角，嘉賓都走在後頭。當成龍、章子怡、克里斯塔克一起進入禮堂的時候，外面聚集了很多影迷，直到電影結束，那些影迷依然在那裡等。

章子怡說：「那也是我在現場第一次看完成片，當時感覺我只聽得懂自己講的話，片中我的戲不是特別多。這個戲在歐洲、加拿大上映時，觀眾對我的評價還是蠻高的，他們的電影院裡有那種民意調查留言板，會問一些關於電影的問題。記得問觀眾最喜歡影片中的哪個人物時，候選者有成龍、克里斯塔克，還有尊龍和我，很多人會選我。我自己都有些不可思議，我那麼壞，他們還喜歡我？」

雖然《臥虎藏龍》大獲成功，這麼快打入國際市場還是超乎章子怡的想像，起先她覺得這是《臥虎藏龍》帶來的意外，後來才明白過來，不論是藝人還是其他行業，只要前面的機會把握得好，後面自然就會再有機會，形成良性循環。章子怡堅持一個觀點：當你有工作時就要全力以赴，哪怕是個小角色都要負責。

有人問她會不會借此機會，迅速擴大與國際公司的合作頻率，她仔細斟酌實力後覺得，當時她的英文不過關，如果消除語言障礙，又碰得上自己可以駕馭的角色，還是可以考慮這方面的發展，但是她會量力而爲，不能駕馭的話不會勉強自己。

走向奧斯卡

對於章子怡來說，此時最讓她牽腸掛肚、也最讓她激情澎湃的事情，莫過於將出席在洛杉磯舉辦的二〇〇一年度奧斯卡金像獎頒獎典禮。如果《臥虎藏龍》獲得最佳影片或最佳外語片大獎，章子怡將和李安一起上台領獎。儘管在前一年的二月，她曾和張藝謀導演並肩站在柏林電影節領獎台上手捧金熊；儘管在不久前她又和李安導演一起登上過美國電影金球獎頒獎台，但凡是做電影的人都明白：奧斯卡，和坎城、和威尼斯、和柏林甚至和金球獎的意義都不一樣。

《臥虎藏龍》獲得十項奧斯卡提名，不過最終在影片所獲得的一系列獎項中，並沒有爲她個人帶來獎項，章子怡說得獎是天時地利人和的事，對好作品、好演員來說都只是錦上添花，「即使是那次得獎，我想如果當時再多一些優秀演員可能也拿不到了。有些好影片如果送遲了一天可能也沒機會了，而且在美國那樣的市場裡，我們畢竟是外國人，他們可能覺得給你個提名已不錯了。」

生平第一次參加奧斯卡這樣盛大的典禮，章子怡覺得奧斯卡是一種形式上的輝煌，有點虛幻，就像一個很奢華的大Party，把各種名流都請來，熱鬧過後一哄而散。「在那裡，我是一個外國人，是少數，我不覺得自己是明星。在那裡我見到了很多好萊塢的著名影星，覺得很開心。我可以面對面地和湯姆·克魯斯（Tom Cruise）聊天，他說他很喜歡《臥虎藏龍》，說我很有發展的潛質。還和『鳳凰女』茱莉亞·羅勃茲打招呼，他們都很關注《臥虎藏龍》。」

對於自己是否得獎，章子怡並不那麼看重：「得獎對我來說是一個意外、一種勉勵，當時很滿足，但獎若拿回來還不是放在家裡，然後繼續工作。現在最大的渴望是演一些好角色、好電影，現在覺得如果演出一部好電影會有成就感。剛出道的時候，也不知道什麼是電影節，也不知道拍電影意味著什麼，唯一的動力是選了我了，別讓人家失望。拍《臥虎藏龍》時特別有這種感覺，唯一推動我的就是李安選中我了，不能讓他失望。」

李安在去拉斯維加斯領獎時還特意去了一趟《尖峰時刻2》劇組探望章子怡的班，向她解釋她未獲提名的原因。李安認爲：儘管很多人喜歡子怡演的玉嬌龍，但在奧斯卡那些評審們的眼裡，這個來自東方的女孩子還只是個新人，還不成熟，還需要磨練。而好萊塢需要的是明星。李安安慰子怡說：「沒關係，你還年輕，你還有大把機會。」章子怡知道，像玉嬌龍這種能全面展示自己能力的角色畢竟不容易碰到，她對李安說：「導演，還請你多多提攜吧！」

二〇〇一年六月「MTV電影獎」年度頒獎典禮在洛杉磯隆重舉行。「MTV電影獎」評選結果來源於觀眾直接投票，素有「大眾奧斯卡」之稱，章子怡獲得「最具突破演出女演員」及「最佳打鬥場面」兩項提名。

章子怡憑《臥虎藏龍》中的酒館打鬥場面奪得「最佳打鬥場面獎」。若論動作女星，一同出演《臥虎藏龍》一片的楊紫瓊顯然在其之上，由此可見觀眾看重的並非練功之人，而是功夫本身。

章子怡身兼入圍者及頒獎人，她穿著由香港知名服裝設計師葉錦添設計的肚兜式晚禮服出席這項頒獎典禮，和知名演員大衛・史派德（David Spade）一起頒發「最具突破演出男演員獎」。

如果說在奧斯卡典禮上章子怡還只是一個觀眾，那麼此時的她，已經以其性感大方的姿態令美國觀眾傾倒。「在美國人眼裡，我是一個新興的中國的演員，美國觀眾最熟悉的中國演員是楊紫瓊，我是借了《臥虎藏龍》的光，讓他們認識並接受了我。玉嬌龍的個性有一點叛逆，很像當今的美國孩子，他們就覺得我很親近，是他們的代表。他們的媒體評價我的樣子比較東方，比較有味道，他們很想瞭解我，他們覺得我很神秘：那麼小巧的模樣，在銀幕上卻是另一種風采。他們看了我在『奧斯卡』頒獎禮上的裝扮，覺得我很性感、很大氣，後來又在『MTV電影頒獎禮』上看見我穿了一件肚兜晚裝，又覺得我很中國，在他們看來我的變化很大，他們很好奇。」

在外國人眼中，具有國際知名度的中國演員，少之又少，繼鞏俐、張曼玉之後，在來是她，許多人都把她當做「中國電影」幕前代言人，她自問無心擔此重任，「我沒有那麼大的使命感，但我希望有更多的人看到中國電影，這也是爲什麼我們這麼努力做訪問，向外國觀眾介紹中國影片和狀況的原因，如果中國電影眞是好東西的話，希望有人欣賞它。」她選擇了電影，走著疾速的上坡路，但依然有顆平常心。「如果有一天，拍戲變成沒有意義了，沒有觀眾要看我，沒有製片人要找我，可能就會停拍了。」

「我一直不覺得自己現在有多大名氣，總共才演過五部片，還有三部是大配角。」但她也很自信，「別人總說我有好機會，但我想有了機會沒把握住下次就沒了，人不可能永遠幸運或倒楣吧。」

二十一歲的章子怡，年輕而又成功，但是面對榮耀和光環，章子怡非常冷靜地告訴自己，你最大的不足就是年輕。她不想當花瓶，但要做一名眞正的演員，一個以演技征服觀眾的演員，她深知缺乏閱歷，演技也不到位，在演藝道路上跋涉的路還很長。

淚灑緋聞地

二〇〇一年是《臥虎藏龍》大獲豐收的一年，也是章子怡馳騁國際影壇的一年，更是她各種緋聞、傳聞、新聞滿天飛的一年。

都說明星是伴著緋聞成長的，這一點章子怡深有體會，自她出道時起關於她的緋聞就一直沒斷過，還沒有在張藝謀的緋聞中徹底走出的她，在與成龍的緋聞中受到了眞眞切切的傷害。從香港回北京的章子怡一步入家門就再也忍不住了，她撲進父母的懷抱痛哭一場，恨不能把那些天在香港受的委屈全哭出來。

章子怡與成龍的緋聞是傳播範圍最廣、重傷力最強、讓她最傷心的，也是唯一一次令她落淚的。年少懵懂的她熱情、單純又不知道掩飾，她說：「這些傳聞也很傷我媽媽的心，因爲媽媽知道我是什麼樣的孩子，我覺得特別冤枉，我跟媽媽說，事情過後，眞假自然就明白了。」章子怡說她也時常自我安慰：有的媒體就是需要這些「垃圾」來充斥版面，你是明星嘛，就得學會承受。

從這件事情之後，章子怡對香港媒體特別反感，一度鬧得很不愉快。「他們總是偷拍完了亂編一氣。前一陣我去香港參加一個活動，對媒體一直繃著臉。後來經紀人說，子怡，你別這樣，友善一點。我就對他們笑了笑。嘿！第二天報紙就說，章子怡不停傻笑。眞沒辦法。」

「一開始的時候，我什麼話都會對媒體講，因爲我想事實就是這樣嘛！有些不負責的媒體會從我的話裡套出東西來做新聞，寫出來好多亂七八糟的報導。爲此吃過很多虧。我現在很害怕，所以就把自己包得特別緊。傷害我最大的是『成龍事件』，從那以後我就封閉自己，不太愛跟不認識的人說什麼。現在不說又有問題，你不說他們還得做新聞，就開始編故事。我不笑，就說我耍大牌；我笑，就報導我傻笑。有些人說我喜歡自己炒作自己，我覺得特別可笑，如果我眞是這樣子，奥斯卡那麼大的事情，我擠破頭也要去了。我捐錢捐衣服，也沒有讓人家知道，不然又說我故意炒作。有些網上還說『章子怡出身貧賤，所以逮著機會能爬就爬』，我還眞沒有見縫插針的心情。我清楚不斷拍些好作品才是我最應該做的事。」

對於章子怡而言一個人自己要是覺得受到傷害的話，也許容易挺過去的，但是如果看到自己愛的人，例如爸爸媽媽也要爲此承受很大的壓力的話，這會成爲她最大的痛。「因爲慢慢知道自己是身處在這樣的一個環境裡面，很多事情你得想開一些；但你的父母他們不瞭解，所以當他們看到那些誇張到底的東西，就會覺得是遇到一位很陌生人，我們不認識。」

「我曾經看過一個不著邊際的緋聞，看了之後眞的很氣很氣，說著說著就控制不住跑到廁所去哭了。但是媽媽在，我又不想讓媽媽看到自己難過，因爲父母一看到孩子難過他們會更痛。我在裡面，讓自己冷靜，冷靜了然後我才出來。但是那種狀態是掩飾不了的，不能兩分鐘就沒事了，那個事情一直困擾著自己，不時地會去想那些。然後媽媽看到了，看得到她是很痛的，她也很難受，但是我覺得那個時候講什麼都不重要了。該怎麼辦呢？我們該怎麼樣去解決這個問題？」

經歷了這一系列事情之後，章子怡覺得無法再像以前一樣，用單純的眼光看待這個世界。在被騙過和傷害過多次後，她在身上築起一道透明屏風，這讓她覺得安全。

巨大的傷痛讓章子怡迅速成長，而這過程對於一個二十二歲的女孩子來說，未免付出得太多，也太刻骨。

直到後來晉升為國際明星，章子怡還是在北京跟父母同住，她害怕成了公眾人物而失去自由自在的樂趣。她說特別怕狗仔隊，到哪裡都被跟蹤，所以也怕去香港，在北京才有自由的感覺，「內地沒有狗仔隊，沒有這樣的麻煩，可以自由活動。」成名帶來的還有許多流言閒語，都是挖私生活的種種文章，當演員容易，當明星困難。她還是用平常心去面對這些麻煩，「我覺得這些東西很容易解決吧！若把它想得很嚴重，就眞的很嚴重。」

這時的她已經經歷了不少風雨，她開始懂得調整心態，也開始更加勇敢和堅強地面對是非江湖。

第六章

二度合作

甘為「英雄」提劍

李安的《臥虎藏龍》不僅在國際上獲得眾多大獎，更讓外國人對中國的武俠文化和「功夫」產生了濃厚的興趣，一時間出現了許多包含東方武術的影片。這時張藝謀的新片開始籌拍了。張藝謀的每一次動作總能引起媒體極大的關注，而這一次，張導決定拍一部武俠片。

拍武打片一直是張藝謀的心願，早在一九九六年，張藝謀、編劇王斌和李馮就策劃了一部新編武打戲，原本打算與成龍合作，但是成龍看過劇本後覺得劇中角色無法勝任，於是便擱置了。直到幾年之後這部劇本誕生，張藝謀拍武俠片的想法正式走入軌道。

從一開始，張藝謀就決定這一部戲要是嚴格有別於電視劇中的古裝戲和傳統武俠片格局的新型武俠電影。由於之前有《臥虎藏龍》成功的先例，人們多少猜測這部張導的武俠處女作只是《臥虎藏龍》的跟風，除去這些關注，最吸引媒體目光的，還是電影的卡司，一眼望去，各個都是影壇極具影響力的「大腕」，杜可風、程小東、和田惠

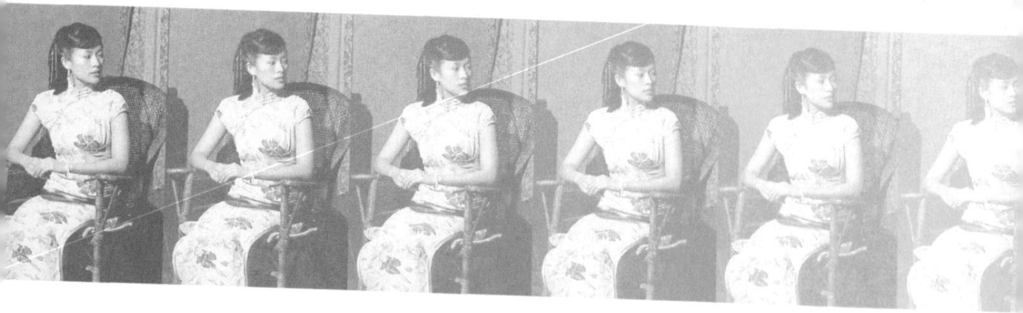

美、帕爾曼、譚盾、張曼玉、梁朝偉、李連杰……張藝謀在《英雄》旗下，召集了來自華語乃至國際影壇眾多名震天下的英雄。而在這樣強大的陣容裡，章子怡名列其中。

對於和恩師再度合作，章子怡特別很開心，能夠有機會和自己的偶像張曼玉、梁朝偉一起演戲，她覺得這次的學習機會相當難得。不過當時一切還沒有定論，她只是想張藝謀拍的武俠片肯定和別人不一樣，他的電影應該是壯懷激烈、大漠豪情的那種。

就在《尖峰時刻2》開始在中國上映的時候，章子怡已經進入張藝謀的《英雄》劇組，與李連杰、梁朝偉、張曼玉共奏「英雄」凱歌。

有人說，《英雄》是中國電影中第一部眞正意義上的「大片」，是有史以來華語電影在商業上最具野心和誠意的一部作品。

雖然此時的章子怡已經有了和大導演合作的經驗，但是這次前去拍《英雄》她依然會有點緊張。三年前，第一次跟張藝謀合作時章子怡還是未出校門、毫無經驗的學生，現在到外面跑了一大圈又回來與他合作，張藝謀說這次可以檢驗一下章子怡的文戲和武戲是否進步了。「我覺得又是一次新的考驗，但我喜歡接受不同的挑戰，對我來說這是一種激勵。可能人有時做事情總需要一個目標，有人盯著你，你就會去拚的，我每次做事都是這樣。」

在《英雄》中章子怡飾演對「殘劍」忠心耿耿的婢女「如月」，這個角色按她自己的話說是「劇本翻了十多頁，才找到角色的對白，一個連陪襯紅花的綠葉的邊兒都沾不上的微小角色」。

但是爲了這個「只有十五分鐘戲」的角色，章子怡在《英雄》劇組整整待了半年，參與了《英雄》艱苦孕育的全過程。從她看完劇本後就決定，無論如何要加入這個團隊中，哪怕去當義工，搬搬燈，刷刷油漆，只要可以參與就滿足了。

起初有人問章子怡爲何連「如月」這麼小的角色也要演，她覺得自己是作爲學習者參與其中的，不希望人們把過多的注意力放在自己身上。章子怡說：「《英雄》是一個很有榮譽感的作品，它不會給我帶來什麼，我還是把自己放在一邊。能夠參與這個創作團對當中，我就特別開心，這是一個凝聚力很強的團隊，我覺得特別好奇，參與一下，相信可以學到很多新的東西。」

她也曾經問過導演爲什麼不能啓用新人，張藝謀回答說雖然只是一個配角，戲份不多，但是要把握好人物的感情並不容易。

有人看完影片說：如果沒有如月這個角色，故事也能成立。章子怡認爲不然。她說如月是個關鍵人物，好像鈕扣一樣，起連帶關係，她可以傳遞出飛雪、殘劍之間的感情，透過他們之間的「假戲」，透過她對殘劍的愛慕，激發飛雪對殘劍的感情，同時也表現出飛雪對殘劍的深愛，她把殘劍的心魄和所要做的事情傳遞給無名。「我從來沒想過沒有這個角色會不會成立，但我覺得可能會欠缺一點。」

她說在這部戲中，可能因爲導演的風頭太健了，大家看不到其他角色，其實幾個人物都不是那麼容易拿捏的，比如「飛雪」這個角色，需要長時間的磨練才有能力去演，而「如月在《英雄》裡是小角色，正因爲如此，對我來說，戲是拍一場少一場，所以我容不得自己有半點馬虎，不許自己有任何遺憾。每場都是重頭戲，只要一開工就是亢奮狀態。」

《英雄》給章子怡的是一個十多分鐘的角色，但角色之外，她眞正的收穫是個人演技的提升，這對於一個演員來說是相當重要的。她突然發覺，自己在不知不覺中，學會了如何控制角色。

「其實多拍一些、多感受一點，演技就能多提升一點。」

最後一場戲，殘劍和飛雪雙雙絕塵而去，如月失聲痛哭。章子怡從來沒那麼哭過，怎麼哭？拍攝前一天晚上她問導演，明天的戲有什麼想法嗎？導演說快睡覺吧，明天就拍了。完全不給她提示，她覺得很沒把握。當晚劇組在沙漠裡宿營，夜風呼嘯，睡在車上，模模糊糊感覺像在海上，人在晃。第二天早上日出後就開拍，旁邊有吹風機吹著，聲音特別大，章子怡想這樣子大聲喊了人家也不知道，好像多了一個保護層。於是便放開喊了，她突然驚訝地發現自己原來可以這樣做了。

還有一場如月騙了飛雪後狂笑的那場戲，那種笑聲要有點邪惡，又帶點悲涼。章子怡拿著鏡子狂笑，在找感覺，助手聽到說：「你沒事吧？」但是沒有那種氣氛，很難找感覺。可是到了正式開始的時候，處在既定的情境中，自己都沒有發覺，下意識地就把平日練的內容全部釋放出來了。

和張藝謀導演的二度合作，章子怡打了個比方，說《我的父親母親》像資格考試，《英雄》就像是交卷。而導演張藝謀對章子怡的這次考試還是相當的滿意，拍這部電影時章子怡始終都在片場，以往導演要花很多時間教她拍戲，但她現在領悟很快，張藝謀認爲，一方面因爲她已經熟悉了他的風格，另一方面也確實是她已能很好發揮。

章子怡說：「從我和張藝謀導演拍第一部戲，到和李安合作，再到美國拍戲，和一些導演都合作過，可能還是張藝謀比較瞭解我吧，知道我在剛起步的時候是什麼水準，他最有發言權。所以這次我自己覺得很滿意，他沒有失望，我也沒有讓他失望。我最大的收穫就是覺得自己可以成爲一允文允武的演員，能演文戲也能演武戲，我的目標也就是這個。我覺得天時、地利、人和造就了現在的我，不讓曾經幫助過我的人失望，就是我最大的動力，也是現在的狀態。有太多的人幫助過我，張藝謀和李安是我一輩子要感謝的人，眞的是良師益友。」

英雄共奏凱歌

章子怡在與張藝謀、梁朝偉、張曼玉、陳道明等人的合作中深深感受到，他們每個人都看重合作本身的意義，這遠遠超過影片完成後將給他們帶來的一切。而能夠跟這些演員們一起合作，章子怡除了覺得有壓力，得到更多的是來自他們的幫助，最大的收穫除了表演上的，還有爲人處世。這些電影人都是有地位的導演、演員，超越了名利，專注於藝術，還有寬於待人等方方面面都很觸動她。

張藝謀曾讓章子怡認眞地學習張曼玉的表演，他說張曼玉身上有很多値得章子怡學習的地方。雖然章子怡目前比起這些前輩們還差的很遠，她沒有梁朝偉和張曼玉豐富的表演經驗，但她還年輕，而且有能力。

章子怡也一直視張曼玉爲偶像，坎城電影節《花樣年華》的慶功會上，章子怡想和張曼玉合影，還不敢說，都是悄悄託人去告訴她的，結果張曼玉叫子怡過去，稱讚她演得很好。在拍攝現場，她也時刻都能感受這些明星們的親切和體諒，有一次章子怡正在拍一場戲，看到張曼玉和梁朝偉來到現場在一旁等著，她就開始著急，心裡直嘀咕著趕快拍完吧，讓人家等久了不好意思，可越著急反而越拍不好，扔到天上的兵器就是接不住。張曼玉看出來了就對著她喊：「子怡別急，我們等著沒關係的，要不我們去外面等。」

拍攝時也有讓章子怡覺得很有趣的事情，例如，張藝謀的工作方式是前期準備一定要充分、足夠，對自己想要什麼樣的東西他都非常清楚，拍一場戲只要達到預期的標準，便通過，不會再拍一組備用。梁朝偉和張曼玉開始時感到很不適應——他們和王家衛合作時習慣了沒劇本、沒台詞、一個鏡頭哭的、笑的、左的、右的拍數遍，如今剛拍了兩遍導演就說過了，他們很驚訝，連說再來一次。章子怡笑說，張藝謀和王家衛眞是兩個極端。

看張藝謀的《英雄》，觀眾最期待的或許不是李連杰、梁朝偉、陳道明這些男人們如何削尖腦袋爭做英雄，而是等著被張曼玉和章子怡這樣爲英雄獻出無私愛情的女人感動。兩個女人戲份不多，但的確有得一拚，演技上張曼玉更勝一籌，有無數演出經驗、氣質高貴的她不用開口渾身都是戲，章子怡雖演戲不多但每次都是大戲，且入行以來進步也不小。

在章子怡看來，張曼玉是個灑脫的女人，想哭就哭，想笑就笑，總之是一個非常聰明、非常有想法、非常有味道的人。正月十五領著大家點蠟燭、做燈籠，心態特別年輕有活力：「張曼玉很細膩、感性，殺青散夥的時候她哭得很傷心。」

談到梁朝偉，章子怡說：「自己永遠達不到張曼玉和他的默契。」梁朝偉平時寡言少語，但很賣力，爲了練好一個「劍」字，經常把劇組下榻的賓館弄得滿是墨汁的臭味，服務人員直犯嘀咕。每逢有梁朝偉和張曼玉的對手戲，旁邊的工作人員是最多的，大家都愛看他們演戲，對章子怡來說那就是一堂堂生動的表演課，她感到非常難得。

拍片的空檔章子怡很喜歡與李連杰聊天，常和李連杰聊的一個話題是「誰可以駕馭明天」。她說李連杰武打戲打得精彩，文戲的底子也令人讚歎，他對她的影響很大，李連杰信佛，性格大度，特別豁達善良。在人性裡，善良占很大比重，他教給章子怡以善心面對一切。有一場戲章子怡被李連杰的替身刺傷，右手上留下兩個傷疤。李連杰覺得過意不去，送佛珠給她，章子怡一直戴在手上。

這次武打戲使得章子怡有機會見識了一下傳說中脾氣很大的著名武術指導程小東。張曼玉曾和章子怡說，他當年更凶，一來就沒人敢說話，但是現在上年紀了，也平和一點了。章子怡以前沒接觸過程小東，這次合作覺得他人挺好的，沒怎麼跟她凶過。而且章子怡向他表示她學過一些動作，可以教給她難一點的動作，程小東很開心，他跟導演說如果演員願意做的話，武術指導的空間會很大。章子怡說：「他是工作很精益求精的那種人，要求特別嚴格，這與導演很相像，而且他總是能很快悟到導演的意思，盡最大可能去實現這些想法，所以我想這是他爲何與導演那麼好的原因吧。兩人在工作上有很多共同點。這次的武術設計非常非常棒，我們演員都要求親自上陣，因爲實在不想錯過他給我們設計的那些瀟灑漂亮的動作，他也能根據我們自身條件的不同來設計，彼此都挺有默契的。」

講到武打動作，章子怡因爲有舞蹈的根底，程小東用舞蹈的拍法，不用替身，甚至比《臥虎藏龍》有更多高難度的動作，程小東還強調，片中數她的動作難度最高。

在《英雄》中如月最拿手的是用雙刀做武器。導演的要求甚高，如果拍出來的效果不理想便要重拍，尤其是對章子怡舞雙刀的效果要求更高。為了在拍攝時有模有樣，她下了很多苦功練，下戲時也是刀不離手。有次在拍攝前訓練中受傷，要不是用的是木劍，她的耳朵就遭殃了。

舞蹈出身的章子怡本來就「渾身沒個好地方」，近兩年她接拍的《臥虎藏龍》、《武士》清一色都是武打戲，這回再上《英雄》，眞可謂老傷新傷通通找上門了。她的頸椎、腰、手上本來就有損傷，可在拍戲時，她還是很敬業，很少顧及自己的身體。有一次被替身打傷了，腫了一大塊，自己都還沒有發覺。一天下來，她的胳膊經常累得抬不起來，腰也不敢動彈。在內蒙古拍攝她與張曼玉的一場對打戲時，章子怡兩腿大幅度的分跨，大腿內側韌帶當場撕裂，她疼得在片場哭了起來。可是為了不耽誤拍攝進度，她只接受了簡單的傷口處理便又上戲了。

在《英雄》劇組，章子怡接觸了很多有趣的人，例如服裝設計的和田慧美，章子怡稱她是特別有韻味的「阿嬤」，「六七十歲眞的不老，從她身上我看到生活的快樂、工作的衝動，她是一個很好的代表。上了年紀的人應該認識認識這麼一個『老太太』，七十多歲了，穿橘紅色，戴上墨鏡，但你不會去笑她，只是會覺得『這個老太太對生活太有希望了』。在所有工作人員裡面，她是一個最好的榜樣」。

還有杜可風，章子怡說他總是在這種輕鬆的狀態下，將作品完成得很棒，拍攝過程會把氣氛弄得很輕鬆，程小東也會開玩笑，所以這部電影裡面，導演不那麼嚴肅，她經常見到他們調侃、搞笑的場景。

和章子怡接觸得比較多的武術組也給她留下深刻的印象，「他們挺辛苦的，除了幫我編排動作，還要教我們動作，大家年齡相近，討論的話題也差不多。記得他們陪我們在一個學校禮堂練戲，練完了我們去買冰棒吃，於是每個人叼著一根冰棒從學校返回劇組，那種感覺特別開心，又好像回到舞蹈學校的日子，特別輕鬆。」

章子怡喜歡吃零食，她很開心錄音組有個二級廚師，說跟他們一起經常有好吃的。她也很佩服錄音組的陶經，「各種音效要靠他想像，然後做出來。他的作品出來會有大師級的水準，挺棒的，讓人驚訝，他爲這個電影下了很大的功夫，不用別人說也可以看到。」

沒有想過當「功夫女星」

對於影片是不是《臥虎藏龍》的延續風格，章子怡的回答很精彩，張藝謀導演以前拍的都是文藝片，這是他第一次拍商業片。我們也問過他爲何要拍這部片，他說就是一個多年的夢想，他從小看武俠片長大，正好趕上《臥》片成功，對中國的武俠片來說是一個很好的機會，開了一條寬路。「我想後面的作品跟得好就能使中國武俠片在美國市場奠定一個好基礎，倘若只是一頭熱，水準跟不上，那這條路就會越來越窄，最後會被封死。」

在章子怡看來，《英雄》更多是講人性的東西，人的情感，人與國家之間的關係。他激發了人們潛意識中的俠義精神、英雄主義，這種俠義精神的共鳴是全球性的。《英雄》專注的不是自我而是他人，是以國家民族興衰爲己任，也是劇中每個角色生存的意義。它的核心是一種「俠」的精神。

「張藝謀是個生命力特別強的人，應該說他是個充滿生命力的藝術家。他極度熱愛自己的事業，在藝術上他始終永無止境地進行著追求和探索！他比當年精力更旺盛，更有激情，對創作更熱忱，他對藝術一絲不苟，武俠片可能是他摸索到的、很適合他的題材，也是他可以駕馭得遊刃有餘的領域。如果接下來他再拍這樣的題材，這次可算是一個摸索，但在第一次的摸索當中他已把武戲和文戲結合得很好。《英雄》讓我感到張藝謀還會去拍武俠片，還會很有激情去創作。李安說拍完《臥虎藏龍》似乎用盡了他一生的精力，但張藝謀不是，到關機的時候他還樂樂的。張藝謀導演拍出來的感覺是壯懷激烈的，而李安導演的作品是細膩唯美的，他們倆絕對是一百八十度的差別，但都很好看。」

「這部片子其實是以導演爲主的一部電影，演員、攝影、美術、武術指導等各個部門都是在爲導演服務的，我們是一個整體中的各個部分，所以只要整體水準高，就不能像往常看一般電影那樣，去盯著這一點說。」

章子怡參與《英雄》一方面是感謝恩師，另一方面也是因爲覺得劇本好，看完劇本後她深受感動，很想爲這部電影做點什麼。章子怡的媽媽曾經說：「咱閨女什麼時候能演個主角？」但在章子怡看來，在一部有品質的戲裡演出配角，其中的收益遠超過在一些濫戲濫劇裡當主角。她對自己的要求是「寧做鳳尾不做雞頭」，要儘量對得起曾經幫助她的人。

章子怡說自己的成功最主要的是與起步有關。「我身邊有很多拍戲合作過的人，特別是拍戲合作過的這幾個導演，他們都還注意著我，當他們看到一個作品出來的時候，他們會告訴我。他們的看法很專業、很精確，給了我這麼好的開始，希望我在演戲方面走得規規矩矩，所以都給了我很多很好的建議。例如張藝謀導演，有些問題我會徵詢他的意見。而對一些劇本拿不定主意時，我會求助王斌（張藝謀多部電影的文學策劃）。李安導演也跟我說過不要亂接戲，作品的量不重要，而質很重要，拍一部戲就要從中學到東西。有了張藝謀、李安兩位導演給予的演出機會作爲開始，其後的每一步就要求我得特小心地邁進。」

「目前對於表演這個行業，我從陌生進入了認識的階段，但還談不上熟悉。所以這個階段，需要有更大的表演空間去嘗試和獲取經驗。但做不做什麼片子的主角，卻是想不來的。有人說章子怡這個人很會計劃，是個「人精」。但未來豈是透過想就能想出來的？我也信佛，我很宿命，甚至覺得遇上一個好劇本，就像中了樂透彩一般，是命，是水到渠成。唯一可以做的，是憑感覺，憑自己對這個行業的熱愛，珍惜每個人給你的人生、工作經驗，去迅速獲得一種掌握的能力。」

《臥虎藏龍》讓好萊塢把章子怡放到「功夫女星」的位置，章子怡說其實她沒想過有一天會有個「功夫女星」的稱號，作夢也沒想到要拍武打片。不過再拍武打戲，章子怡知道遊刃有餘的程度還達不到，只是越來越有興趣，有繼續做和學習的欲望。而此時她再去看《臥虎藏龍》時已經想像不出那個時候她怎麼熬過去的。其實那時的她腦海裡哪有空間去想到底這部戲會給她帶來什麼，她全部的精力都放在工作上，沒有任何虛榮心。此後她就要學會在特別大的壓力之下去工作，這種壓力一部分是自己給的，另一部分是環境給的，但也正是這些將她推向了一個她未曾想過的高度。

第七章
轉型文藝

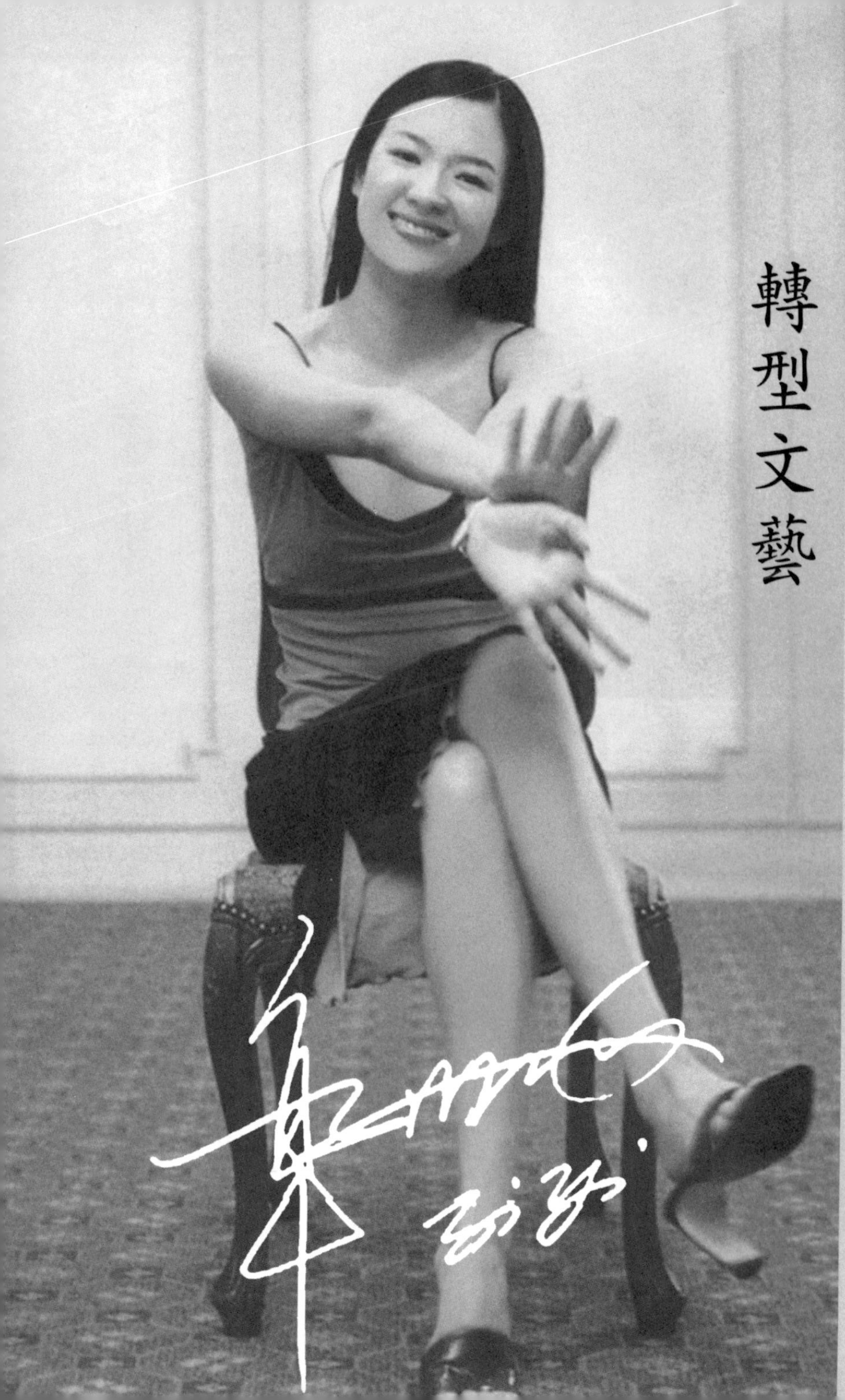

棄武從文

星運令人羨慕的章子怡，卻經常有居安思危、未雨綢繆的感覺。身爲當紅的女明星，她最常想的問題是「怎樣讓我的演藝事業持續發展下去？」

「我很幸運，沒有幾個人能這麼年輕讓那麼多人認識，上天特別眷顧我。我常常在想，應該怎麼做，才能讓這一切不像流星一樣，一下子就過去了。」娛樂圈是非多，章子怡有她的憂慮：「我不希望自己只是過眼雲煙，我不斷反省，尋找屬於章子怡的未來。」

「《臥虎藏龍》讓西方觀眾願意再看到章子怡去打，但我不想一直拍武打戲。我不會因爲好萊塢知道有這麼個面孔我就發昏。我始終覺得亞裔演員在好萊塢沒有地位，是個調味品。」

有了和國際影壇的近距離接觸，章子怡也有了許多冷靜的認識，一旦有了好的劇本與角色，她不會輕易放棄拍西方電影的機會，「但是好萊塢不是我們的世界，不是我們的地盤，其實我認爲中國演員的

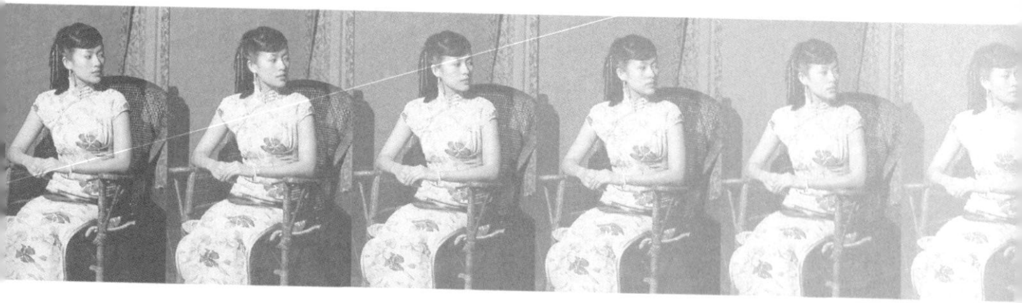

素質都挺好的，只是沒有好角色給中國演員，總是讓你演一些妓女呀、殺手呀之類的，如果給我們機會可能把握得好也就上去了。不過我覺得好演員不是一定要進入好萊塢才行，如果我們有錢也可請很多大明星來，也會做得好。」

章子怡開始考慮多拍一些文藝片，拍《英雄》期間，她和張藝謀聊了很多。張藝謀建議她不僅要把好萊塢市場的武打戲做好，還要拍些內地以及東南亞的華語文藝片，文武戲雙管齊下，做一位好的電影演員，做一位好的中國電影明星。

章子怡希望更多地接觸一些第六代導演的作品，「我覺得他們都是挺有才華的，用很大膽的方法去闡述這個社會人與人之間的關係，這一點可能是現代年輕人對社會觀察理解的特色。我向國際發展是開闊眼界，眞正做藝術還是要回中國。我看過王小帥、賈樟柯的影片，眞的很好，他們是眞的想做藝術，我一定會扶持他們，只要是我沒演過的角色，對劇本也感興趣，我願意降低片酬參演。」

之前章子怡的一個朋友不經意地跟她說起，有一位第六代導演很不錯，讓她看看他的作品，那時候章子怡不知道婁燁是誰。但是看過婁燁的片子後，她特別驚訝，覺得眼前一亮：這是中國導演拍的片子嗎？朋友說婁燁挺特別的，有個性。後來朋友請章子怡吃飯，說起這個導演想拍新片，然後便講起《紫蝴蝶》。章子怡當時覺得這個導演很有想法，很特別，新片應該不錯，不過每次都是吃飯時聽她朋友說，她還是不太明白。拍《英雄》時，婁燁去片場見章子怡，他說很喜歡她在《臥虎藏龍》中的表演，挺有張力的，《紫蝴蝶》裡頭這個人物，要的也是這種感覺。章子怡就決定考慮考慮，後來她對這個人物有了許多新的想法，婁燁也按照她的想法改動了幾次，而最初來找章子怡的朋友成了電影的製片人。她說，你看劇本都往你身上改了，你要是不接的話，怎麼辦？章子怡笑她原來是計畫已久。她說其實那時候已經決定接了，對婁燁的才華很有信心。

最初，媒體報導最多的是章子怡降低片酬，爲第六代導演拍片。說起這個，章子怡顯得無所謂：「我覺得錢不錢的並不特別重要，給我事業打基礎的東西，是錢衡量不了的。」

章子怡是個很有判斷力的人，總是在很適當的時機做出很正確的選擇。她說：「我就是比較仔細，我只是不那麼魯莽地去做事情，總是三思而後行。其實拍《紫蝴蝶》的時候，有很多戲找我，有些也是商業大片，報酬很高，但我覺得沒意思。我並不像大家想的那樣特別刻意，我其實很相信直覺，第一印象好了，以後怎麼樣都好。」

翩躚紫蝴蝶

《紫蝴蝶》誕生時婁燁還在拍《週末情人》，這個十年前就誕生的腹稿，講述上個世紀三〇、四〇年代發生在東北滿洲里以及上海的抗日故事。

在許多大導演的大影片中，扮演了不少次小角色後，章子怡終於有了一部不是出現幾分鐘的電影了，在拍攝的過程中，她還是不很清楚故事的整體情節。她感覺到的是婁燁強烈的個人風格，他很注重藝術性，這種風格從劇本看不出來、摸不到。而整個影片也不是完全的一個故事性的東西，或者是一個純粹講感情的電影。她知道這是她從「武打戲」向文藝片接軌的第一次嘗試，她要突破自己已經讓人塑造的形象。

「我沒有演過那種在一瞬間交織許多心理變化的戲，動情、憤怒、毅然地決定，都在一個鏡頭中完成。我很喜歡演文戲。這一次就是眞正地全靠演技，所以我自己也蠻期待這部電影。」而且第六代導演的那種不確定性，也使這部戲對她充滿了吸引力。

有趣的是，演《紫蝴蝶》時章子怡把頭髮燙了，結果出了個誤會：劉燁說她爲了拍戲改變了樣子，後來竟被炒成整容之類。這讓她覺得十分好笑。其實這部電影的造型相當樸實，章子怡在裡面的幾套旗袍不像《花樣年華》那麼華麗，婁燁想要一個紀實的風格。所以演員不化妝，「臉上長了多少斑都能清楚地看出來」，燈光色調也很樸素。

章子怡從遼寧轉戰上海後，曾去了一趟台灣，一回來就馬不停蹄地投入拍攝，在拍攝中她非常敬業，拍戲前天天都要與導演、演員就演出問題進行討論，細心揣摩，反覆背台詞。

拍攝的時候，導演婁燁會給演員非常充分的表演時間，這相當考驗演員的底子。在這幾分鐘內，他們必須記熟所有台詞，必須做足各種表情，一氣呵成。但是婁燁一開始就要求製作人員不要和演員談任何技術上的問題，營造了一個很自由的工作氣氛。

有一場戲，丁慧答應了伊丹英彥的約會，又有了當年的感覺，兩個人從一個房間裡出來，到了路口伊丹繼續往前走，而丁慧轉身走回去，兩個人也沒有說什麼就示意告別了，然而離開的丁慧覺得還是想見他，越走越慢，然後突然往回走，跑回路口時，看到男孩就點了根煙站在那裡。到這兒，婁燁說「停」，章子怡只要跑回來再給扮演伊丹的仲村徹一個反應就結束了。可是拍了幾次下來，她覺得特別激動，覺得還有些東西要釋放，便跟婁燁建議：「能不能多給我一些時間，別到那兒就沒了。」婁燁答應了。章子怡跑回來後，一看見中村亨就哭了。

《紫蝴蝶》後期的拍攝因爲一些原因，進度比預期的慢一點，此時章子怡的檔期一兩天內就到了，爲了不耽誤整部戲的拍攝，她日夜趕戲，三伏天的熱度，每天十幾二十幾個小時的超負荷工作，再睏、再累只要導演一喊開始，她就「來勁」，她的敬業精神令同行們讚歎不已，該片的製片主任評價章子怡說：「雖然名氣很大，但拍戲沒有絲毫馬虎，很有靈性，演出經常得到劇組同仁的好評。」

婁燁說章子怡是一個好演員，演配角委屈她了。她的狀態和理解力挺好的，而且認眞努力，這些對一個演員演好角色來說是很重要的。最初選演員婁燁也反覆試了很多演員，最終交給章子怡，他對她的完成很滿意。

這一年章子怡只拍了《紫蝴蝶》一部戲，她卻不後悔推掉那麼多戲，對於劇本章子怡始終是愼重和挑剔的。「如果看到劇本就會感動落淚、如果眼前一亮，那就是碰上了一個好角色。《紫蝴蝶》挺費心的，也是我從影以來，表演空間最大的一個角色。」

「我不知道出來之後會有什麼感覺，只是看完劇本之後覺得有一種很強的衝擊力。以我對婁燁的瞭解和認識，我相信他的片子出來之後，會把這種衝擊力放大到幾百倍，我覺得這就是他的長處和他的典型性。」

而且她感受到劇組的創作欲望非常大，也許是因爲包括導演婁燁在內的成員都十分年輕，在劇組和大家的合作相當有默契的緣故。

坎城折翼

二〇〇三年坎城電影節，作爲參與本屆坎城電影節「金棕櫚」獎角逐的唯一一部中國電影，《紫蝴蝶》自然備受關注。《紫蝴蝶》首映會上，義大利著名品牌Ferregamo專程送來的晚禮服，將女主角章子怡映襯得熠熠生輝，在仲村徹和劉燁兩位男主角的陪伴下，穿越星光大道時更顯得光彩奪目。

早在前兩天，在坎城的中國記者就成了各國記者「賄賂」的物件，目的是爲了打聽章子怡的行程和下榻飯店。當得知章子怡將於法國時間二十一日凌晨抵達巴黎戴高樂機場，隨即轉往巴黎奧利機場趕赴尼斯的消息，各路記者帶著「長槍短炮」隨即趕往尼斯機場，爭取拍攝到章子怡和劉燁步出機場的鏡頭。也有一部分單槍匹馬到坎城採訪的記者害怕到機場圍堵章子怡落空，於是便把注意力集中到尋找章子怡下榻的飯店上。

然而，影片在坎城全面亮相後，並未引起太多關注，媒體評價也不甚理想，放映中卻因爲影片本身線索過多，手法過於繁複，有觀眾反應看不太懂，陸續有人退場。到最後僅剩下八成觀眾。而由於導演追求個人風格的痕跡過於明顯，許多外國記者表示看不懂此片。

經過幾天角逐，《紫蝴蝶》最終鎩羽而歸，曾被猜測有望獲得影后的章子怡也一無所獲。

其實章子怡事先已料到《紫蝴蝶》是一部會引起很大爭議的影片，但不管得獎與否，她覺得這次去坎城相當有必要，「一方面我們應該去支持自己的工作成果，更重要的是中國電影太需要培養向世界介紹自己的觀念。」儘管在坎城只待了短短三天，但章子怡和導演婁燁幾乎不停接受媒體訪問，「這說明外國人對中國電影還是很好奇，我們的電影還缺少這樣的交流和推廣。」

在章子怡眼中，坎城就是一個電影「大市集」，每年近百分之八十的世界電影在那裡交易。「其實就像國際車展一樣，不要以爲只有寶馬（BMW）、賓士（Benz）熱銷，桑塔納（Santana）同樣可以賣得很好，這是一個平等的市場，大家可以各取所需。」在這方面，她深感韓國同行走在前面，「他們這次沒有一部影片參賽甚至參展，但卻一下子去了三十多個人，他們的英語也不好，但卻敢用最簡單的單字請那些著名導演和製片人吃飯，這種敢闖的衝勁值得我們學習。」

章子怡親眼看過《紫蝴蝶》後覺得輕鬆了許多，因爲她覺得影片本身並不像有些人說得那樣艱澀難懂，導演婁燁只是在堅持一貫的風格，「這是一個發生在上個世紀三〇年代的故事，距離現在已經差不多有七十年的時間了。但是我很快就發現相隔七十年的兩個時代幾乎一致。那個時代的人們面臨的問題在今天依然如故。我們的生活依然喧囂且難以掌握，就像《紫蝴蝶》的故事和其中的人物所呈現的狀態。但我們無法控制周邊的一切，有時會緊張、困惑甚至絕望，有時又會覺得還不太糟，因爲這個和平年代還可以讓我們思考過去、現在和未來，去思考已經發生的和將要發生的一切，思考已經經歷的和將要經歷的。你會感覺這就是生活——一切皆有可能。《紫蝴蝶》的故事可以發生在任何時代，也可以在任何時代終結，而我們所能做的就是去坦然面對。」她坦言《紫蝴蝶》不是一部拍給大眾看的電影，但是一定會有人喜歡。

說到婁燁與張藝謀的區別，章子怡說：「這是兩代人，所以他們對電影的感覺、處理完全不一樣，我很喜歡《蘇州河》，其實，與第六代合作，也是張導的建議。他說，作爲演員，應該從不同類型的優秀導演身上學到東西，好演員應該是這樣成長的。」

其實，章子怡的成長正是貫徹了這條路，她不但從導演和演員那裡學到了很多表演技巧，也對演藝事業有了自己深刻而獨到的見解，她的學習能力和個性使得她注定成爲一個不會單純重復他人的演技派演員。

紅顏一怒為導演

也許是一度個性太張揚，總有些負面新聞指責她脾氣不好，在《紫蝴蝶》拍攝期間關於她「耍大牌」的新聞也是源源不斷，有一次章子怡在車上補妝，準備下一場戲，就有報導說她躲在車裡不理其他演員。

與章子怡在畢業後重逢的劉燁說，走紅了的章子怡與以前求學時期完全沒有變：「子怡還是老樣子，她很會照顧人，很開朗，媒體的報導可能只是誤會。」

章子怡也說：「媒體上寫的那個人，跟我本人根本不一樣。那些熟悉我的人，會覺得特別驚訝；不熟悉我的人，往往都是帶著那種印象來看我的，但接觸了，就會知道我是怎樣的一個人。我以前會特別去解釋：我沒有耍大牌、很好相處，也從不要求特殊待遇。但是現在我不這樣做了。」

「我現在比以前更主動地和朋友連絡了。我其實很擔心他們的心裡會有什麼想法，這是我拍武打戲得來的經驗。我現在經常會站在對方的立場上想這個問題。拍武打戲，我經常會受傷，我會很疼，但是我怕對方內疚，我會忍著；當我打到對方的時候，我也明白對方有多疼。兩個方面我都體會到了，就像生活。我以前沒出名的時候，大家少連絡，或者不連絡，這是正常的。但是現在別人會想，別跟她通電話了，她特別忙吧。慢慢的，就疏遠了。所以我現在挺主動的，大家聚會的時候，人家會說你跟以前在學校裡沒什麼兩樣。」

然而就在《紫蝴蝶》召開記者會時，章子怡紅顏一怒，讓媒體大吃了一驚。

《紫蝴蝶》在中國境內的第一場記者會選定上海，主辦單位刻意先放映了影片，原本是想讓記者們在隨後的記者會上的提問，更加具有針對性，沒想到的是，影片的預先放映卻讓接下來的記者會成了「批鬥大會」，記者在觀看完影片後，都認爲這部片子的拍攝手法有問題，劇情太突兀，更有一部分記者表示根本無法看懂，只有個別記者認爲婁燁在細節的處理和鏡頭的運用上獨具匠心。

接下來的記者會上，記者們紛紛把矛頭對準了婁燁。當婁燁一再被詢問片中激情戲是否妥當的時候，記者們發出一片哄笑聲。在旁邊的章子怡終於坐不住了，一把抓過麥克風說道：「我們來這裡參加這個活動是非常尊重媒體的，我們也希望媒體能夠尊重劇組。有不同的意見是很正常的，但最主要的是應該學會互相尊重。」章子怡的話聲剛落立即又遭到了記者們的一片非議，於是章子怡又補充道：「如果互相尊重都做不到的話，那麼我看接下來的採訪也沒有必要做了。」最後還是導演婁燁打圓場才平息了事端。不過主辦單位見狀只好宣佈集體採訪就此結束。

這一突發事件，使章子怡頓時吸引了所有的記者。稍做休息後再次面對媒體，章子怡表示為失態道歉，「其實我一直很尊重媒體，我覺得彼此應該是魚水關係。」她說不僅僅是她為首映會專程深夜從日本趕回上海，其他演員也都放下手上的工作趕來，可見對影片的重視程度。出現記者會上的尷尬場面，她作為這個團體的一員，對此不太舒服。她不理解何以國人不喜歡自己的電影，雖然她也承認婁燁打造的《紫蝴蝶》中過分浸潤著他自己的風格。

「婁燁是個非常有個性的人。我們在拍攝現場時，很多情節都是因當時的佈景、演員的情緒臨時增加的，他絕不會按部就班地照劇本進行。作為演員，我們就是要給他他想要的東西。《紫蝴蝶》就像婁燁的孩子。」

章子怡記得那段炎夏辛苦忙碌的時光，那些愉快的工作狀態，所以當她看到他們爲之付出心血的作品居然不能受到應有的尊重，她無法坐視不管。她心裡很清楚，這次衝動動怒的結果也許又會在自己的負面新聞裡多上幾條，但是她還是一躍而起，突然間彷彿又回到學生時代那個在路上打抱不平的小女孩。「我從小就是這樣，看不過眼的事一定要管，就算是陌生人，我也會站出來。」

然而，當她面對自己的事情時，卻異常平靜。這一年她又被捕風捉影的推進與高楓的緋聞中，這多少讓她有些困擾，但是事情澄清之後，她淡然說：「對這社會你別想得太認眞，沒什麼過不去的。每個人都曾經感受過這種敵意，每個人也都曾經給別人製造過敵意，你要把這個看成是特別平常的事情。」

一怒一靜之中，人們突然看到一個不斷成長而又執著不肯屈就的女子，在這個江湖裡，找到了屬於她的生存之道。

2004年10月9日於紐約，《十面埋伏》慶功宴，
李安前來祝賀。

章子怡於《十面埋伏》的劇照。

章子怡於《十面埋伏》的
經典造型。

1 章子怡最清楚自己的優勢和弱點，並爲此不斷調整自己，所以我們總是看到她在不停地進步。

2 章子怡隨《2046》在坎城電影節做宣傳。

3 章子怡在《2046》裡飾演「白玲」。

1

3

2

1

2

3

1 章子怡在《英雄》中扮演「如月」一角。

2 章子怡在《武士》中的劇照。

3 章子怡在《茉莉花開》中的劇照。

2005年2月12日，有「英國奧斯卡」之稱的英國電影學院大獎（Britis Academy of Film and Television Arts）頒獎典禮，章子怡性感亮相。

2005年3月27日，第24屆香港電影金像獎頒獎禮，章子怡和田壯壯頒最佳導演獎給爾冬陞。也是在這一屆香港電影金像獎，章子怡憑藉《2046》拿到了最佳女主角獎。

2005年4月28日，章子怡現身北京王府井參加慶祝媚比琳（Maybelline）十周年活動，支持章子怡的影迷們守候在活動現場。

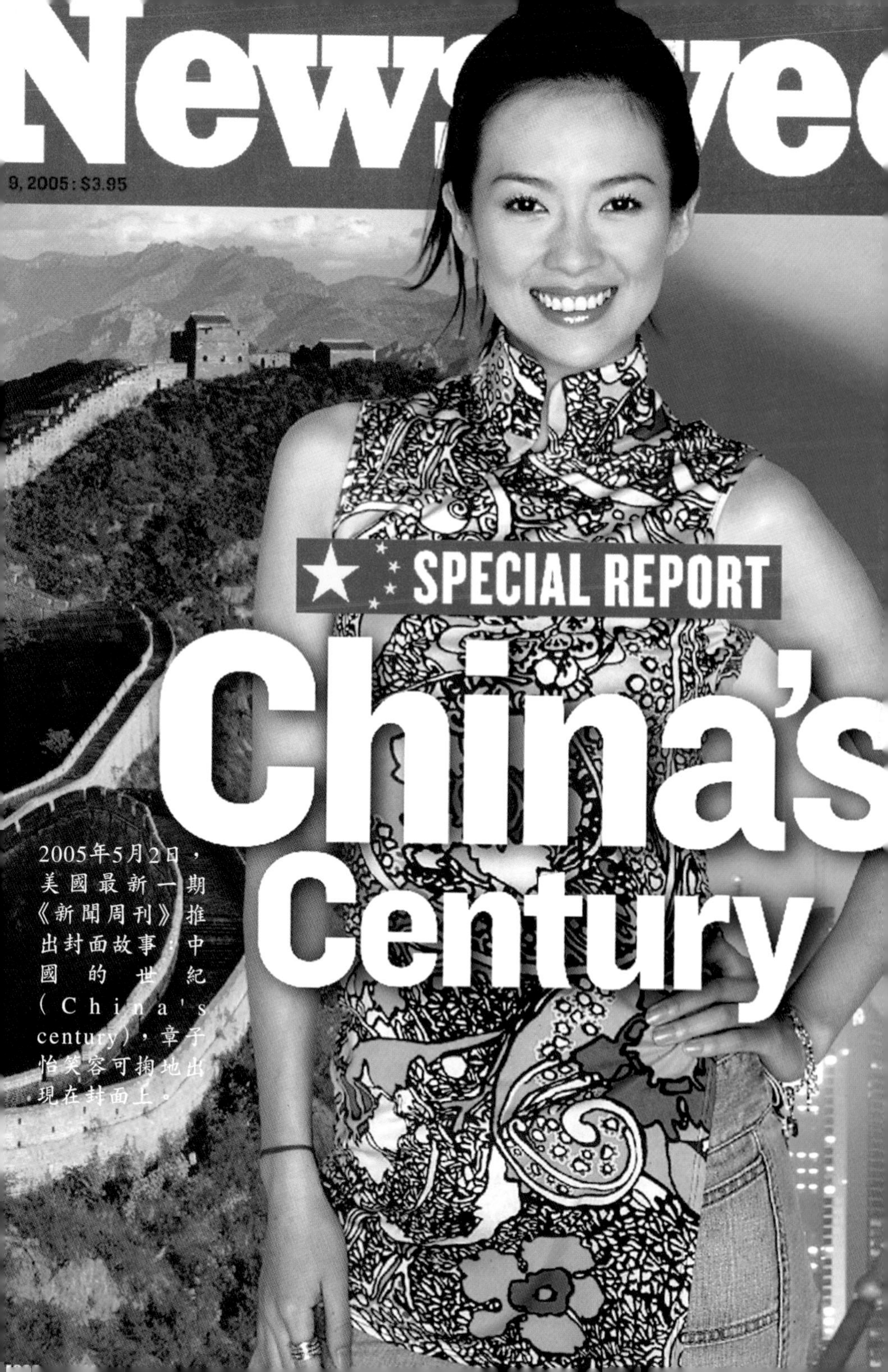

2005年5月2日，美國最新一期《新聞周刊》推出封面故事：中國的世紀（China's century），章子怡笑容可掬地出現在封面上。

靚裝的章子怡，「殺」了攝影師們不少底片。

2005年5月20日，美國導演湯米・李・瓊斯（Tommy Lee Jones）新片《馬奎斯的三場葬禮》（Three Burials of Melquiades Estrada）首映，章子怡前來捧場。

章子怡在日本電影《狸
御殿》中的定妝照。

1

2

3

1 《藝伎回憶錄》的場景海報。

2 雖然曾有過數年的舞蹈基礎，但拍攝《藝伎回憶錄》時，章子怡仍需勤練舞技。

3 章子怡必然是既鞏俐之後，下一位走向國際的中國新星。

2005年5月21日，第58屆坎城電影節閉幕片《Chromophobia》，章子怡亮麗出席。

不再為英語煩心

就在幾年前，說著「希望努力賺到錢給爸爸媽媽買房子」的章子怡還睡在自己十二多坪家中的沙發上，而今她已經有能力兌現自己的承諾了，孝順的女孩買了大房子，雖然拍戲很忙，在北京一有時間就忙著裝修、買家具。

她喜愛平民的生活，在家的日子就是球鞋T恤的打扮，與一般人無異，「我還是喜歡上市場，跟小販殺價，我常常替妹妹到商店買東西，只要戴上口罩，沒有人會認出我。」

當然有時在異國他鄉還能碰到她的影迷令章子怡很開心，去泰國時在一條不熱鬧的街上，章子怡發現許多人見到她用泰語在比畫，隨行的朋友聽懂了他們的話，說你快走吧，他們認出你了。

「我老在想我爲什麼拍戲，想了很久之後，明白了：我爲電影本身感動，將來會有世界各地眾多的人來看這部電影，覺得這就是最大的動力。我的付出會給我帶來什麼名和利，這些現在不重要，重要的是更多人認識了我，從不同的角度欣賞我。」

隨著章子怡人氣的提升，眾多廣告商家將目光對準了富有號召力的章子怡，爲了她在銀幕上的微笑，他們不惜重金，而前來邀她拍廣告的品牌也不斷升級。

在爲TAG Heuer（豪雅）表代言的時候，章子怡的酬勞高達百萬港幣，與她的片酬相近。還有消息說，化妝品牌媚比琳（Maybelline）首位亞洲形象代言人的身分更是給章子怡帶來了七位數廣告價碼。

不過，對章子怡而言，拍廣告也有自己的原則：「對我來說第一是提高知名度，第二才是經濟收入。日本最紅的明星當年都是拍最多廣告的，我不排斥接好的廣告，只要有創意，不知名的也行。我的要價也是最合理的，這點我不想多說，那是商家的炒作，我多說等於給他們打廣告。例如像潘婷（Pantene）、麗仕（Lux）這樣的牌子，很少一點錢我也會拍。」

章子怡最喜歡的廣告有兩個，第一是爲GOTMILK而做。這是美國牛奶協會主拍的一個爲呼籲美國人民多喝牛奶、增強體質的系列廣告，每個廣告以一位明星爲主角，每人都有同樣的造型，就是不分男女，在嘴唇和鼻尖間、畫上奶白色鬍鬚，雖然沒有報酬，但好萊塢明星演員一聽說被請去拍GOTMILK，覺得榮幸和開心。在華人中，也只有成龍和章子怡拍攝過這個廣告。

再一個就是在泰國和「龐德」皮爾斯·布洛斯南（Pierce Brosnan）拍攝的VISA信用卡廣告，除了VISA廣告一向保持的風趣風格，少不了緊張刺激的視效。章子怡說：「皮爾斯是個輕鬆幽默的人，工作時很專業。看過他以前的影片，在現實生活中看到他，那種感覺就像是電影裡的大英雄走了出來。」

與章子怡的廣告一同火速升級的就是她的英語了。在《臥虎藏龍》獲獎和「MTV電影頒獎禮」後，許多媒體拿章子怡的英文做文章，這其中不乏某些媒體的惡意炒作，但她自己也承認這是個刺激和激勵。其實早在拍《武士》時，首次面對雙方無法溝通的合作時，章子怡就深深體會到多掌握一門外語的優勢。她說學英文不單純是爲了拍戲的需要，在現今這樣一個開放的社會裡，與國際接軌就一定要掌握一門國際通用的語言。「如果到只講英語的國家旅行，就方便很多。」她說隨著中國的經濟開放，中奧的成功等，越來越多的人對學講英語產生了濃厚的興趣：「我念書的時代，只有在初中才開始學ABC，現在我七、八歲的小侄子們，都會對我說，姑姑，姑姑，我們會講英語了！」

在拍張藝謀的《英雄》前，章子怡到美國去學了五個月的英文，她很享受這大半年在美國度過的學生生活。在那裡，她住在一個女性朋友家裡，每天生活非常規律。早晨起來吃早餐，然後坐地鐵去語言學校上英文課，有一個老師專門教她。因爲在美國搭車比較貴，還時常塞車，章子怡通常都是坐地鐵上學。「那些日子特別快樂，完全是一種再普通不過的生活，沒有雜事騷擾，閒暇的時候去街上的咖啡店喝喝咖啡，還有逛街，我特別願意逛一個娃娃店，去那裡讀小孩子的英文書。」

在拍《英雄》時，章子怡把英文單字、片語寫在小卡片上，趁休息空檔隨時拿出來背。在她的旅館裡，有英語片的錄影帶、ＤＶＤ，床頭擺著英文小說。她的身邊有很多朋友，有國外的，也有中國的。拍戲之餘，他們都用英文與子怡交流，說的過程中，遇到不會表達的詞，章子怡馬上會問他們。

大半年下來，章子怡的英文已經很流利了，兩年前在媚比琳的記者會上，她還需要翻譯跟法方人員交流拍攝想法，現在章子怡可以直接和他們對話，她說：「這樣雙方都會覺得很舒服。我想當他們回到法國跟他們的高層雇員講起這些的時候，一定不會忽視中國演員的，也許下一次他們的品牌還會請中國演員代言。」

章子怡懂得自己的幸運，更珍惜現在所獲得的成績，她早已不太在意周圍說她「工於心計」的說法，對於她而言，唯有扎扎實實地做好自己應該做的事情，才能不辜負培養她的這些導演，不辜負她自己。而她在這個過程中巨大的成長和變化足以令所有人刮目相看。

一人分飾三角

章子怡出道以來拍攝的影片多數都是武打題材的電影，在國外被定位爲「功夫女星」，即使在國內很多媒體以及影評人士也指責她飾演的角色過於單一，類型化的表演局限了她的發展。

之前她接拍《紫蝴蝶》算是她擺脫武打角色框架，向演技派發展的前奏。但是《紫蝴蝶》影片本身的爭議使得章子怡在演技上的表現沒有引起更多的關注。

儘管《紫蝴蝶》在坎城毫無收穫，但章子怡依然出盡風頭，她對自己充滿自信，並不擔心自己的名氣會過去，雖然上一年只接手一部戲，但是她相信自己的選擇，她現在覺得能夠得心應手去演戲、用母語演戲，就是最大的快樂。「我試過用英文演戲，但是到了好萊塢又能怎麼樣，別人就是給你一個標記，然後呢？別急著做什麼，這一年裡我大的變化就在這裡吧。」

改變戲路絕不是因爲外界說章子怡的演技單一，對於自己沒有接觸的角色，她始終保持著若赤子般的好奇和勇於嘗試的精神，她不是被動地等待機會，而是在不斷發掘自己的潛力，這種強大的張力無疑吸引了更多導演的青睞。

很快，又一部文藝片找上門來，改編自著名作家蘇童的小說《婦女生活》的影片《茉莉花開》悄然在上海開機，導演侯詠因爲曾爲張藝謀的《英雄》、《一個也不能少》和《我的父親母親》掌鏡而揚名，《茉莉花開》又是他蟄伏多年後獨立執導的影片，因擁有姜文、章子怡、陳沖、陸毅這樣超強陣容，而引起圈內外人士的注意。張藝謀評價道：「《茉莉花開》是二〇〇四年最有商業性的藝術片。」

說起影片《茉莉花開》的導演侯詠，章子怡顯得很開心：「侯詠是我哥們兒！第一次我們在一起的時候有好多好多人，我就問他們，是不是有什麼事兒？他們都說沒有。過了很久，才知道原來侯詠一直想拍一部戲，都想了十年了，現在終於找到資金了。我印象特別深刻，侯詠跟我說：『這個女主角非你莫屬，你不演，我就不拍了。』我當時就覺得一愣，這是第一次聽到人家這麼跟我說。所以侯詠說完這話，我就說：『行，我答應了，隨叫隨到，你就告訴我什麼時候來劇組報到就是了！』」

章子怡說她爽快答應不僅僅是因爲朋友，最重要的是她特別欣賞侯詠，她相信他。章子怡第一部戲，就是侯詠當的攝影。「那種特別的感覺，我覺得到現在讓我叫他導演都彆扭，我喜歡叫他侯詠哥。」

《茉莉花開》講述舊上海一個小明星茉及其女兒莉、外孫女花三代女性的故事，截取三人年輕時的生活片段，從上世紀三〇年代一直到八〇年代。章子怡一人要演三〇年代的茉、五〇年代的莉和八〇年代的花三個角色，雖然都是年輕人，但性格迥異，而且年代跨越的幅度很大。

早在十幾年之前導演侯詠看了蘇童的小說《婦女生活》後，腦子裡就盤算怎麼將它拍成電影。那時他考慮的女主角是鞏俐。這次要拍了，腦子裡不由自主地就想到了章子怡。理由很簡單，他說：「我一定要用中國目前最好的女演員，而且她也很有票房號召力。」

一接到劇本，章子怡就對侯詠說：「這是一個危險的遊戲。如果我能把握成功，把三個角色區分得很開，那就能成功。萬一我沒有這個能力，就會變成一個笑話。」

章子怡說一人分飾多角這種感覺，好像一塊平地，上面有個坑，你使對了勁兒就過去了，但是沒有對的話，多半會陷進去。之前她還看到一篇文章，說一個人演多個角色的利與弊，作者的觀點是弊大於利。章子怡覺得作者的說法有一定的道理，觀眾看影片的時候，有時候眞會恍惚，因爲都是演員一個人，很難入戲，人們會觀察這個人，是不是換了髮型？胖了還是瘦了？都是些旁枝末節。章子怡其實對一人演多角也挺沒把握的，但侯詠對她非常信任。

侯詠曾告訴記者，最好的題材，要用最好的演員。這些演員在侯詠眼中都是獨一無二的。這部戲中章子怡的戲份最重。三〇年代茉的造型設計源自張愛玲，而莉是一個成天作明星夢的女孩，所以她的造型仿照美國女明星海蒂・拉瑪（Hedy Lamarr），還有一些造型來自上海的平民老照片。侯詠堅定地認爲，這次章子怡將會給大家帶來一個驚喜，不同於以往她的任何一個造型，因爲侯詠瞭解的章子怡是一個非常纖細的女孩。《茉莉花開》的外景大部分都是舊上海的樣子，片中會有許多漂亮的衣服。每一個背景下，都會有表現這個環境的衣服。但是不像《花樣年華》那樣飄渺和時尙。

有大腕當陪練

如果說，章子怡的「蛻變」沒有幸運成分，也不客觀。因爲放眼中國，幾乎沒有一個年輕影星能夠得到拿梁朝偉、陳沖這樣的「文藝片」大腕當陪練的機會。章子怡對此有過這樣一個比喻：演戲其實是個學習和磨練的過程，像一個沙坑，慢慢去塡，越來越厚，越來越高。

陳沖在戲裡扮演多個角色，全都要和章子怡有大量的對手戲，兩人的敬業程度更是有一拚。有一個角色是陳沖扮演章子怡的老年，爲了掌握到神韻，即使在沒有自己的戲份時，陳沖也不離片場看著章子怡演戲，揣摩章子怡的神情儀態。談到曾在電影《茉莉花開》中飾演她女兒的章子怡，陳沖大表讚賞，指出章子怡爲人聰明又用功。「我非常喜歡她，她是個很好的演員。」

對於陳沖，章子怡表示很敬重她，並用「小字輩」來形容自己。她說，劇組裡面數陳沖的資歷最高，雖然年齡不是最大，但是從影的歷史最長。她讚歎陳沖是一個很「放」的演員，她的激情來得非常快，而且眞實。之前在《臥虎藏龍》裡和楊紫瓊演對手戲，最大的問題是，楊紫瓊的角色和她之間的親情其實沒有那麼直接，但是影片《茉莉花開》中，她和陳沖的兩個角色之間有親情關係，所以兩個人每天演戲都是在相互激勵著，那種感覺完全不一樣。

有人將陳沖和章子怡相比，章子怡謙虛地說：「我還沒有她那麼大的衝擊力。陳沖其實很了不起，特別有魄力。我有時候覺得自己挺平庸的，沒法比。」

「我覺得自己運氣特別好，能在這樣一個年齡感受到很多人感受不到的東西，這是特別的財富，對我一生都有益。如果我作爲旁觀者，看到有一個章子怡這樣的女孩子，我也只能用幾個字形容她：她就是運氣好。我也不會看到她的努力，會覺得沒有好運氣的話，這個人什麼也不是。」

「我想我這兩年最大的變化，就是心態了。剛開始的時候，一個小女孩引起了大家的注意，但沒有去肯定她的努力。當然她的這些努力，旁觀者是看不到的，但是女孩很小，她覺得很受傷害，便問：為什麼你們都看不到我的努力？覺得就是這個問題激起了我的一種很強的叛逆心理。我眞想辯解，想讓很多人聽到這個女孩的心聲：是！我的運氣很好！但是我很努力，每個角色都做了很多的功課。那天《紫蝴蝶》的攝影師來我這裡，看我弄一個頭髮，花了五個多小時，他很感慨，說這其實和打燈光道理是一樣的。他可能在現場忙了幾個小時，別人還是覺得怎麼燈還沒好？很多人看不到一個簡單的髮型下面其實有無數個髮辮。每個人總是只站在自己的立場上，看到的只是結果。所以也沒什麼可說的，我只能自己告訴自己：多拍一些好戲吧。就像當初，人家叫我小聲俐，現在已沒人這麼叫了。」

影片中讓人印象最深刻的是一場在雨中生孩子的戲：當時「雨水」就是抽水機從河裡抽上來的，冰涼又難聞。這一場戲連著拍了幾天，章子怡也挨了幾天的河水，她沒有一點為難和埋怨的話。在四月早春裡，穿著裙子淋了七個通宵雨才完成的鏡頭，章子怡卻輕輕一笑而過：「呵呵，對的，嘴巴上長了濕疹，還不是給淋的。」

章子怡說，其實她印象最深的鏡頭和導演侯詠有關，那段戲拍的是「莉」跪在鐵軌邊痛哭臥軌而死的丈夫。她沒有能夠一下子進入感覺，導演在她身邊說了三分鐘的話，三分鐘以後，她就爆發了出來。她說：「我之前跟侯詠的私交就不錯，當時他跟我說的是和他親人有關的一段經歷，我聽了他的故事以後，心就不禁絞痛起來……我很感謝侯詠，他平時不多說話，關鍵的時候就提點一下。」

不過侯詠最後沒有將影片中的這個鏡頭的悲慘程度放大，而是很快收住了。章子怡說拍這個鏡頭的時候用力道很強，但是看的時候卻不是最爆發的，很快地就轉過去了。她認為導演一定是很果斷地將這個鏡頭砍了，不想特別「煽情」。後來侯詠證實了這個結果，他的理由是為了不讓觀眾過分陷入情緒。導演、編劇摒棄了小說中人性過於激情的一面，喚回了許多柔軟與溫情。

直到拍這部戲，人們才發現章子怡以前拍戲從來不試戲，因為她的感情來得很快，只要正式開拍她迅速就能進入狀態，但若是告訴她要試戲，她就不會投入去演。可是在這部戲裡，她改了習慣。

《茉莉花開》劇組工作人員曾說，沒見姜文之前，就耳聞這名明星比較霸氣、脾氣有點怪，但一接觸，覺得姜文人其實挺幽默、熱情的，只是演起戲來就特別嚴肅，說一是一。在片場，姜文性子比較急，要是因爲別人磨蹭耽擱了拍攝進度，他就顯得很煩躁。劇組的化妝師則說，姜文就是太認眞才給別人造成「難伺候」的印象。也許是因爲姜文的脾氣，章子怡看起來也有點怕他，在他面前總是特別客氣和謹愼。姜文有個習慣就是正式拍前先試戲，而且試戲也一定要有對手搭戲，可章子怡的習慣是不走戲直接演。但是因爲姜文，章子怡二話沒說就「妥協」，所有和姜文的對手戲都認眞地配合試幾遍。

章子怡平時不願意起大早，據說畢業答辯的現場她都能睡著了，可是碰上了拍戲更「較眞」的姜文，她連這個作息習慣都跟著改了。章子怡說姜文是她一直以來很希望合作的演員，今次拍《茉莉花開》可說是完成了心願，與他合作非常興奮，感覺姜文很有魅力，他的才華十分吸引她。

全新的詮釋

有一場拍攝的是劉燁扮演的「小杜」陪妻子「花」去醫院檢查身體後得知她懷孕的場景。片中的「花」和丈夫貌不合神又離，竟然發展到要開瓦斯毒死已有第三者的丈夫，結果因體力不支倒地；去醫院檢查才發現已懷孕，「小杜」從醫生口中得知檢查結果滿臉沮喪，「花」卻是怨恨中帶著幾分得意和復仇的快感。這幾乎是一段充滿仇恨的戲，現場的氣氛卻十分融洽：不時傳來章子怡爽朗得有些放肆的大笑聲，連侯詠也忍不住樂了：「看你在坎城也這樣狂笑，嗓子眼都讓人看見了。」

對於另外幾位合作的演員，章子怡說：「其實他們三個人在劇中，每個人物都有自己的特色，年輕演員陸毅在拍這部戲的時候非常努力。在我們配戲時，陸毅盡自己最大的努力來塑造這個人物，努力來克服自己留給觀眾的公子哥兒印象，嘗試改變自己的形象，可以說陸毅透過《茉莉花開》重新塑造了自己給大家的印象，我感覺挺成功的。」

與金馬影帝劉燁的合作已經是第二次，兩個人合作的代表作就是參加第五十六屆坎城電影節的影片《紫蝴蝶》，該劇也培養了兩個人拍戲的默契。「我跟劉燁很有默契，在《紫蝴蝶》中就已經達成了，而且我們曾經是同學，還是好朋友、好哥兒們，非常談得來，合作上很順利！」

在《茉莉花開》裡，章子怡同時扮演三個人物，三個女人，三種不同的命運，人世間女人的命運不盡相同，那她們代表的僅僅是其中的三種。即使生活體驗再豐富的人，也不可能體驗所有的人世情愫。她說：「演她們的過程中，我是幸福的。作爲一個年輕人，在生活和情感上，不可能有那麼多的經歷，但表演的過程令我體驗了生活中更多的曆練。」

在拍攝這部戲時，章子怡已經在王家衛的《2046》中學到了新的東西，「過去我會考慮怎麼一步一步表現，三分鐘以後是不是應該落淚，但是透過那部戲，我慢慢轉變了感覺。當時我的想法就是用輕鬆和平靜的態度去面對這個人物。」

影片給了章子怡很大的空間發揮，她說其實這是很可怕的一件事情，兩個月內，演了三個人物，在同一個電影裡出現。她所能做的，就是盡力去挑戰自己。

對於有些人覺得章子怡塑造的角色還是很單一，基本沒跳出一種本色表演。侯詠說：「那是她以前沒遇上這種機會。很少有女演員能得到這樣的機會，能這樣爲她設計角色。我告訴她，你的每一個人物都塑造得非常完美，可以說是天衣無縫。我給她打一百分。《茉莉花開》裡的章子怡將給觀眾呈現出一個嶄新的形象，完全顛覆你對她是青春偶像、玉女、花瓶、功夫女星等的看法。」

「看了影片之後，你會覺得章子怡還從來沒有演過變化這樣大的角色。影片三個人物，這三個人物性格完全不一樣的。所以我們要求這三個人物有不同的基調，而且是變化比較大的基調。每個人、每個形象都是年齡的跨越，從年輕到中年，從十八歲到二十歲、三十多歲，這十年、二十年是一個跨越，就是在十年中，她的人生和命運也發生了巨大變化，這個變化要透過演員來表現的。同樣一個人，年輕時候的狀態，和經歷了許多事情以後的狀態是不一樣的。所以這樣的話，如果把每一段作爲兩個狀態來講的話，三段就是六個狀態，至少要六個狀態，所以，這六個狀態的區別，我覺得章子怡表現得都非常好。你看了影片就會知道，會對她刮目相看，因爲這個電影完全是圍繞著她來拍的，當時計算了一下，整部片子有一百一十六場戲，她就演了一百零幾場，可以說，在這部戲中更發揮了她的主觀能動性和表現力，她自己很滿意，她說她很過癮，就像演三個電影一樣。」導演侯詠無疑對她的超齡表演給予了極高的評價。

談起兩位第六代導演，章子怡說婁燁比較像王家衛，不過他有劇本。在現場他也不多說，就讓你演。他經常「傻」笑，挺可愛的。因爲大家年齡接近，所以工作得也挺開心的。侯詠則更爲寬鬆，乾脆根本就不管我們。反正我們演的時候覺得哪兒不對勁了就跟他說，他就說：「噢！對！」

「侯詠導演是個很謹慎的人，他做任何事情都是經過深思熟慮的！我們所有的人都很尊重他，包括姜文雖然只有十幾天的戲，但是大家都很支援《茉莉花開》的拍攝！」

章子怡也相當重視觀眾的反應。《茉莉花開》在上海上映後，章子怡很關心地詢問觀眾對於影片的感受。她說：「觀眾的反應很重要。他們說好的，說不好的，我就可以直接發現我的『得』在哪裡，『失』在哪裡。而我現在聽到的觀眾的感受，很有可能明天拍攝的時候，就能夠用上去，雖然我拍攝的不一定是和之前一樣的戲。」

絢爛花開

二〇〇四年東京國際電影節正式開幕前，中國導演侯詠的作品《茉莉花開》作爲第一部開幕影片與日本觀眾見面。早在上映兩天前，該片的電影票就被熱情的觀眾一搶而光，看片會上座無虛席。

影片放映過程中，很多觀眾爲片中女主角的悲慘命運而落淚。放映後，現場響起熱烈的掌聲。侯詠上台後連連鞠躬表示謝意。與國內首映會不同，東京電影節的主辦單位把提問權交給了現場觀眾。一位日本青年影迷問道：「日本觀眾在看過《臥虎藏龍》、《英雄》、《十面埋伏》後，章子怡已經成爲日本觀眾心目中的人氣偶像，但她的形象一直被人定位爲『功夫女星』。這次欣賞過《茉莉花開》後，我發現了章子怡演技高超的一面，你是如何改變她的形象的？」侯詠謙虛地回答：「章子怡是一位非常有潛質的女演員，她之所以能在《茉莉花開》中有極佳的表現，完全是她自身努力的結果，我不過就是一個挖掘者而已。」

首映會結束後，侯詠立即被熱情的影迷團團圍住，侯詠表示：「我的影片能夠受到這麼多日本影迷的喜愛，心中非常高興。章子怡、劉燁等主要演員因爲軋戲，沒能前來參加活動，我會把影片在日本大受歡迎的事告訴他們，與他們一起分享。」

對於《茉莉花開》此前在內地發行遇到的困難，章子怡也感到無奈，「雖然幫不上忙，但是我還是要向觀眾推薦這部影片，導演眞誠地讚揚了女性的魅力，這種魅力是所有人都可以體會到的，尤其是來自母親偉大的力量，它會讓你感動。」

「拍電影對我來說，最最有意思的，是每個導演都能發掘出一個新的自己，比如《茉莉花開》，拍攝之前，我根本沒想到，我穿一身淡雅的裙子，拎著小布包，站在陽光裡笑的模樣能那麼淑女！我覺得不成、不成，導演卻說，成，子怡，你有很女人的一面！結果，還眞的是這樣。同樣，徐克導演叫我演女將軍的時候，我的直覺也是不成，他那時喝了點酒，就笑著說，『我就是想一個嬌小的你扮演一個威武的將軍，這樣的反差應該很有意思！』後來，每當接到一部戲，我都問我自己，是不是能再展現出我的另一面來？就像自己跟自己較勁。先不說成不成，但是我要試！」

章子怡說自己喜歡演悲劇、演文藝片，但作爲演員，她接受多元化的路線。現在沒動作片拍，她仍是一樣熱愛健身，游泳做運動，「我爲了保持體力，經常都跑去鍛鍊身體。我知道若不去鍛鍊的話，下次動作片來了，會不懂得去駕馭它。」雖然許多女明星都愛導演把她拍得好拍得美，但章子怡對外觀美與否，都不放在心上，「我個人來說，平常也不是很女性化的打扮。工作而論，我由始至終沒有在意過，自己在一部電影裡漂不漂亮，如果角色需要什麼狀態的話，我會非常尊重這個角色的，所以在影片裡，美與不美，對我一點也不重要。」

第八章

家衛製造

不知道自己演什麼

隨著年齡的增長，章子怡的思想和語言也越來越老道，在她看來，「人不怕地位高，人不怕名氣大，但你一定不要浮，一浮就完了。」

作爲一名年輕演員，一位剛出道沒幾年就備受國際、國內影壇關注的知名影星，章子怡在名利向她紛至遝來之時，並沒有因此而忘形，而是一如既往地在事業上精益求精。

在拍完張藝謀的《英雄》後，章子怡並沒有忙著接其他的戲，當然這期間並不是沒有導演找她，而是她自己覺得沒有遇到合適的角色和劇本，在這種情況下她寧願選擇到國外休息一段時間，調整好狀態，以便更好地投入到接下來的工作當中。在她休假期間，有關章子怡演技不怎麼樣，因此沒戲拍等的一些報導此起彼落。對此，她只是一笑置之，因爲她知道自己接下來的每一步應該怎麼走，對於接戲她也一貫保持寧缺毋濫的原則，在沒有遇到合適自己的角色，適合自己

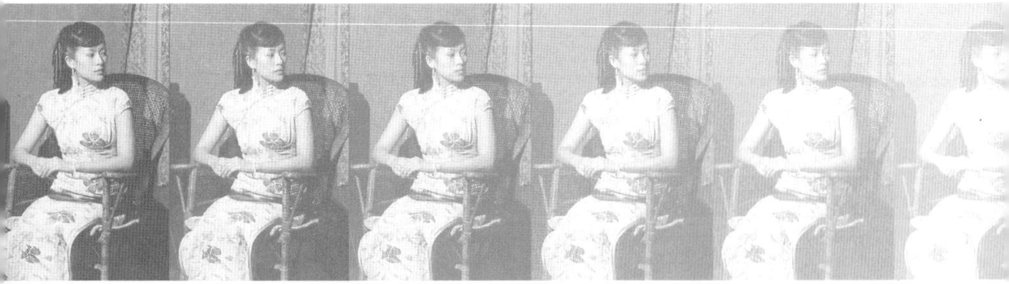

的劇本之前，寧願靜下心來等待。章子怡自出道以來參與拍攝的作品不多，但每一部都叫好叫座，給大家留下了深刻的印象，如果要究其原因，那麼在她選擇角色、挑選劇本的認眞態度看來，便可見一斑。

現在媒體提到章子怡時，都會不由自主地在她名字前加上「國際影星」這個名詞。因爲大家都共睹了，現今她在國際影壇上所佔有的一席之地，在海外爲中國影星所爭的榮譽；但面對這些章子怡表現得很平和，她「只想自己在做每一件事時都把它做好，做到最起碼對得起自己」。擁有如此清醒的頭腦，在讚譽面前依然能保持平和的心態，這多半是她成功的原因之一。

章子怡即將參與王家衛《２０４６》的拍攝，她的加入可謂是這部戲的一大賣點，在《２０４６》的官方宣傳手冊中，演員排序依次爲梁朝偉、鞏俐、木村拓哉、王菲、章子怡、劉嘉玲、張震，出現這麼多重量級演員，所以戲份的安排一直都是最大的掛念。

章子怡說在她還沒有接觸電影的時候，其實都看不懂王家衛的片子。所以現在一說要拍他的片子，便充滿了好奇，一開始便問王家衛要等到什麼時候才知道她演什麼，王家衛說沒關係，反正他也不知道。她還是不甘心，追根究底，總想知道到時候化了妝會是什麼樣、故事情節是怎樣、導演導戲會怎樣，直到張叔平告訴她不許問了，而很多人也開玩笑說：「哎呀，你等吧，二〇四六年你可能才拍到。」

起初王家衛也確實不知道章子怡演什麼，但是他一直在觀察演員本身，然後根據演員隱含的個性去設計角色，這樣一個潑辣而又深情的風塵女子白玲從眾多角色中脫穎而出，最後竟成爲《２０４６》的核心，唯一的女主角。木村拓哉、張震、王菲以及最後加入的鞏俐、董潔都成了襯托梁朝偉與章子怡在影片中角色的「綠葉」，一直參與拍攝的張曼玉最終只在電影中出現了一個幾秒鐘的華麗轉身。

在張曼玉、梁朝偉這些久經「殺場」的老將中扮演這樣一個重要角色，章子怡卻未給自己施加壓力，她說這一次就像當時拍《英雄》一樣，她還是就當做去學習。「我覺得人都有一種偷窺慾，你沒有嘗試過就特別想瞭解一下，也許像上賊船一樣吧，也許你會發現『啊……原來是這個樣子』！沒有經歷過就要去試一下，如果好的話，希望有更多機會可以再合作。」

在《２０４６》裡，章子怡第一次演舞女，這個叫做白玲的女子住在２０４６房，她的隔鄰住的是周慕雲（梁朝偉飾）。白玲隻身一人來到香港，無依無靠，她和周慕雲一開始只是逢場作戲，但慢慢卻對他付出了眞感情。她天眞地把自己與周慕雲之間的關係當作是愛情，然而直到最後她才發現周慕雲早已不想再愛上任何女人。

章子怡飛到香港時戲還沒開拍，她給自己的第一道功課是學當六〇年代的舞女，章子怡上舞廳揣摩舞女的神態，看邵氏女星林黛的舊片，天天穿上三高跟鞋和老師學跳舞，整整練了一個月，腳都磨破了，結果一場舞都沒拍，但是卻眞的就這樣慢慢體會到舞女的心情。

對這位中國最年輕的國際知名女演員，王家衛仍然延續著他一貫的工作方法。沒有劇本，沒有輔導，他要章子怡演出「浮生若夢」的感覺。在剛剛進入劇組的時候，章子怡對王家衛的工作方式完全不清楚，面對導演交給她的一個如此複雜、強烈的角色，由她和導演一起去摸索。一開始她非常緊張、失落。因爲每個鏡頭都要拍一二十遍，這時她就會懷疑自己到底會不會演戲。而且王家衛樣子很酷，每天戴著墨鏡不苟言笑坐在那邊，她越來越喪失信心。因爲以前，她從來沒有過這樣的拍戲經歷，《臥虎藏龍》算是進度很慢的，但拍七八遍也就夠了。這時，多虧梁朝偉告訴她，一二十遍很正常，只是熱身而已，三四十遍才是正式開始的。「慢慢地我體會到自己就像溶洞裡的一根冰柱，經過時間的積累慢慢成形，眼神、氣質、走路的姿態，情感的細節，一點一點，將白玲這個角色塑造出來。於是我所有思想包袱都扔掉了，在角色裡陷得越來越深，整個人都失控了。」

與梁朝偉演對手戲像跳探戈

挨了一個巴掌後，周慕雲仍然嬉皮笑臉地硬要將禮物塞到舞女白玲的手中，白玲從最初的堅決，到慢慢地態度軟化，周慕雲從身後跟向她，然後將禮物再次送到她手中，她期間冷笑了一下，也沒有拒絕，而周慕雲趁機連同禮物一併死死按住白玲的手……

這是《2046》中章子怡和梁朝偉一場經典的對手戲，章子怡對於《2046》中和梁朝偉一起拍對手戲很有感觸。章子怡說：「沒有梁朝偉，我一定演不來，正因為梁朝偉的老練，讓我使足了全勁兒，整個人演得很激情。演對手戲，兩人是相互刺激、一起不斷地摸索的，空間忽大忽小，忽遠忽近，才會激發出各種可能性。很多時候並沒有想到怎麼處理，但是兩個人的刺激會影響到人物的塑造。演戲必須自我，但不能只活在個人世界，與外界的互動，才有學習及吸收。」

她終於明白爲什麼開拍前別人讓她不要問那麼多「爲什麼」，在演了《2046》後她得到了一個最寶貴的經驗，那就是：不要多想，不要去設計。

每次到片場，王家衛沒有劇本，最多兩張紙，但他給演員的早就超過一疊劇本。「王家衛是一個很奇特的導演，我不知道有多少人是像他那樣工作的；他會把一個鏡頭拍很多很多遍，今天拍完，明天又來了。我一看這兒加了兩個門僮、那兒加了個電話和檯燈。他一直在變，但我覺得他心裡很清楚，他的電影是他在塑造人物。他要塑造的人物他心裡已經很明確了。只是他事前沒有那麼多準備工作，比如劇本也沒有。梁朝偉對他不是這樣評價，但我和他接觸一個多月，有這種感覺。我不像有些演員，隨便怎麼就能演，我還是需要有一些背景、有一個前提，才能想像得出是什麼樣子的。給我一個很空洞的東西我沒法演。他在拍攝中不斷完善自己的想法，我跟他拍戲那段時間受益良多！跟他合作永遠會有新鮮感。我是用一種純即興的方式來表演的，通常在現場導演大概跟我說一下情節，然後所有的台詞都是自然而然地講出來。有幾場戲我的情緒幾乎控制不住，有種針扎似的痛……」

有一場舞女白玲與周慕雲的激情戲，兩個人親密糾纏在一起，之後白玲起身去洗手間，回來時卻發現那男人已經穿好衣服準備要走。明明幾分鐘之前，他們的感覺如情侶一樣，突然之間就變回是舞女與客人的關係。白玲眼中的驚訝、仿佛受到欺騙的傷痛，萬般感覺在那一瞬間流露，令人心生憐惜。

章子怡說：「演這場戲的時候，我心裡的感覺眞的是特別難受，事前王家衛導演沒有要我哭，單純就是看我的情緒怎麼走，但是當我演到那一段的時候，我的眼眶不由自主就盈滿了淚，心裡突然覺得好辛酸，然後突然那一刻，突然從我嘴裡說出來的話，已經不是在背台詞了，因爲那一刻你有一種深刻的感覺，你的話自然而然就順著你的心情脫口而出。」

章子怡最喜歡片中自己落魄後，還出錢請已分手的周慕雲吃飯的那場戲，隨口一句「算了吧」，太多的不甘願卻蒼涼無奈的心情。一個舞女對於感情的堅守與無奈，被章子怡詮釋得充分而恰當。

最文藝的發揮

登徒（香港電影評論學會副會長）對她的表演有一段精彩的評述：「印象中的章子怡，一直是舞刀弄槍的角色，由《臥虎藏龍》到《英雄》，再到《十面埋伏》，她的演技一直很帶勁，都是要盡十八般武藝，有不屈不撓的剛烈。而《2046》的『白玲』，才是她一次文藝得很的發揮，在旗袍的包裏下依然大耍北派，每每以淩厲的身體語言，訴說了一隻南來北雁，面對似是而非的感情時，從意亂情迷到失魂落魄，都是勁力十足，對著梁朝偉的『周慕雲』，從不退讓半步。」

「也許滋事者可以說，白玲這種風塵的女子，大半世紀以來，足有百多個樣板可以參考，但放在王家衛的列車上，他打造的角色中，就鮮有如此的奔放和直接，沒有了沈鬱和壓抑，這枝野玫瑰沒得到創作者的青睞，賞她一個蘇麗珍的名分，卻是節外生枝地多了三錢肉緊、三錢不憤，大力地衝開王家衛抑鬱堡壘，而衝得漂亮、乾淨利落。直至現在，王家衛筆下的女子，竟然最有衝擊力的，並非各種蘇麗珍，而是首次出現的白玲。」

「白玲的際遇和轉變，章子怡透過詳細的聲調和步姿圓熟地表現出來。她與周慕雲，由起初的猶豫，到墜入愛河的情不自禁，再到被拒絕的失神。章子怡的執行，都信心充沛，同時功架十足，她演繹得十分準確，甚至有咄咄逼人的勁度，但放在王家衛的戲中，卻是少有的狠勁衝天。」

王家衛在用她之前，很多人都說她拍武俠片很好，但是她演不了他的電影，王家衛說那些人根本不瞭解章子怡。「跟她合作給我一個感覺就是在表演上她會給你很多可能性，章子怡有一個好處，她比較外露，你一路要求她，她就一路去適應，你一路推，她也會一路推，一直到最後你需要的感覺，基本上她的潛力是很大的。」

在得知《２０４６》全球首映會上王家衛等人對她的高度評價後，章子怡非常感動。「很感謝他們這樣肯定我。名氣是虛的，演技才是眞的。我沒想到王導演能給我一個這麼複雜的角色，離我本身很遙遠，差別很大，很花腦筋。不是穿上旗袍、盤個髮髻就行了，人物內心世界非常深刻、有韻味。靠我一個人不可能完成，多虧了大家的共同努力，我最後才覺得自己完成得挺出色的。」

她說拍攝《２０４６》是近期幾部電影裡對自己挑戰最大的，也是她自認完成得最好的一部作品。「其實戲多戲少我沒有太在意，我去就是想感受王家衛的。拍《２０４６》確實讓我受益匪淺，由此我瞭解了很多關於表演上的不同方法，雖然這個過程很艱難很漫長，但它對我演技的提高，是一個很重要的環節。我很感激跟王家衛合作的那段日子。所以，當我聽說某個演員要與他合作時，我由衷地替那個演員高興。」

章子怡說她不同意有人說王家衛不懂表演讓演員胡來，拍戲的時候導演很清醒的，特別是在細節中。

「在沒有經過《２０４６》之前，我其實也不知道自己是不是有可能塑造像《２０４

6》裡那樣一個個性化的人物。但是，我對自己的要求是別怕，要有勇氣面對和嘗試。我有勇氣面對不同的聲音，不管是哪一方面它都會對我有幫助；很多事情，你要接受，要面對，人不能輕易改變自己的心態和追求。」

儘管在之後的戛納電影節和台灣金馬獎評選中章子怡都沒有收穫，《2046》被章子怡視爲新的里程碑，無論得不得獎，她都覺得能參與這部戲很值得。

張婉婷評價說，內地的女演員最喜歡的是章子怡。「她的戲路也很寬，前途也很好。雖然在《英雄》中演得不是太好，但在李安的《臥虎藏龍》和王家衛的《2046》中表演很出色。」

演過的這麼多角色，每一個角色都在影響著她的成長，她常常會眷戀演過的每一個人物。如果說演「我母親」那會兒的章子怡，處世之道與其餘方面都尙嫌青澀，那麼由《臥虎藏龍》到《英雄》再到《2046》，章子怡已逐漸獲得一種落落大方的氣質。一路走來，最初人們腦海裡一臉驕橫的「玉嬌龍」的烙印開始轉淡，取而代之的是一個時而癲狂、時而憂鬱，時而嫵媚、時而端莊的女人，雖然並非完全的「爐火純青」，但那種突破和轉變卻很明顯。

章子怡說她也並不清楚自己究竟是什麼樣的人，可能人都是有很多不同面相，大部分人其實很多時候都不瞭解自己，需要透過很多事情，透過別人的反應，旁敲側擊地來發現自己。「所以我喜歡去嘗試不同類型的影片，經歷不一樣的故事和角色。」

第九章

埋伏戲路

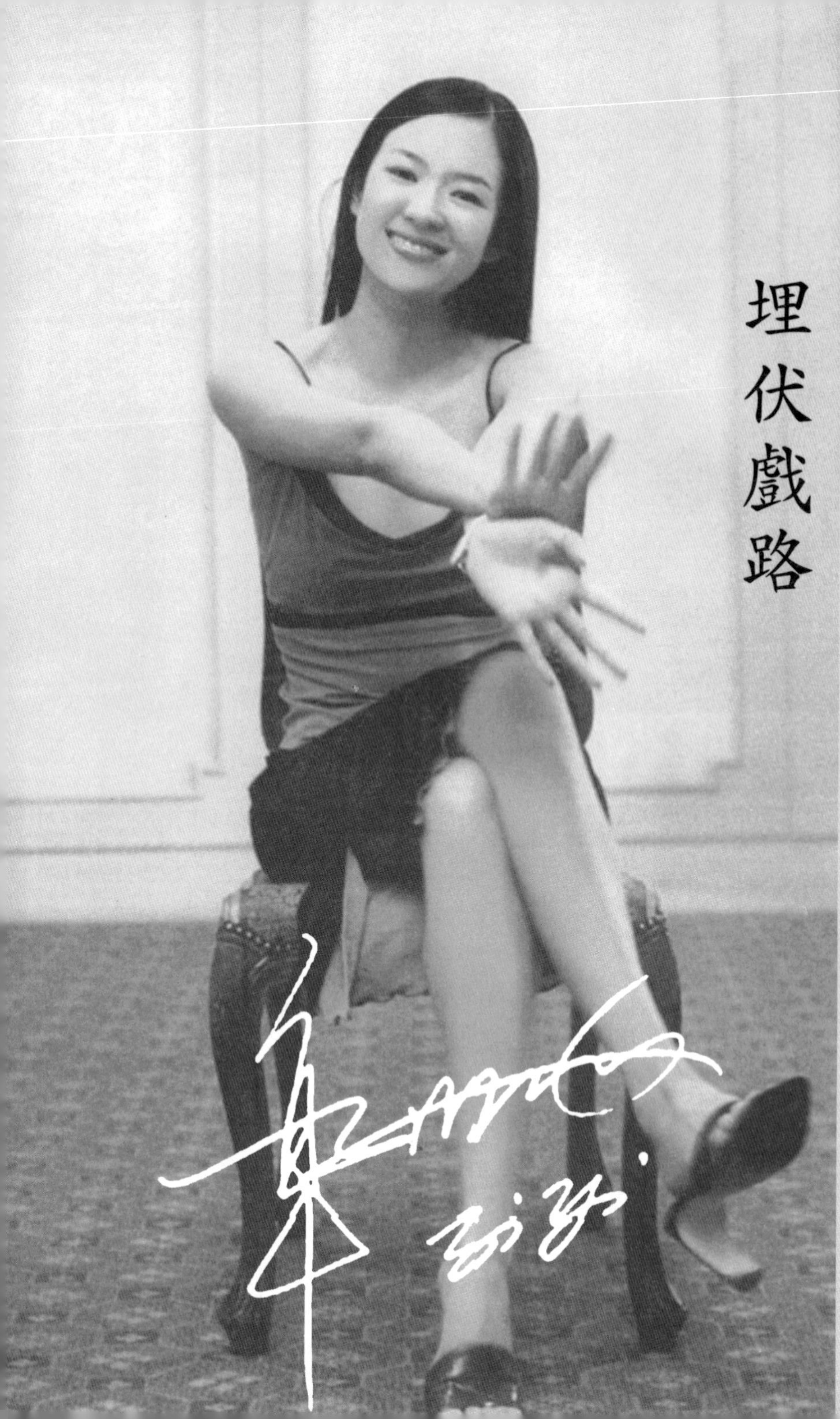

圓盲人戲夢

章子怡曾說很想演盲人，章媽媽曾問女兒什麼時候可以當主角，這一次，老搭檔張藝謀圓了這個夢。這一次，章子怡再也不是《英雄》裡面心甘情願抱著小板凳、黃沙大漠中暗暗學藝的失意「婢女」了，她是當之無愧的女主角，在這部投資近兩億、有著震撼人心名字的電影——《十面埋伏》中，章子怡扮演身懷絕技又舞姿卓絕的盲舞女。

張藝謀說，在中國，能找到一個能文又能武的女演員不容易，對於《英雄》這份答案卷，張藝謀確實感到滿意了，章子怡在這短短幾年中演技上的提升已經可以讓她有一個更加寬廣的舞台去盡情發揮，這個過程也許旁觀者看來並不很久，但卻是子怡用心去做，一點一滴積累而成。她以多元化的方式去展現自己演技的方方面面，不但在武打戲方面有了更加深入的體會，還嘗試許多文戲的表演，使自己在一方面逐步精通，又不囿於某種單一的框架，在如何發展個人技藝和如何拓寬戲路上，章子怡沒有少下工夫。

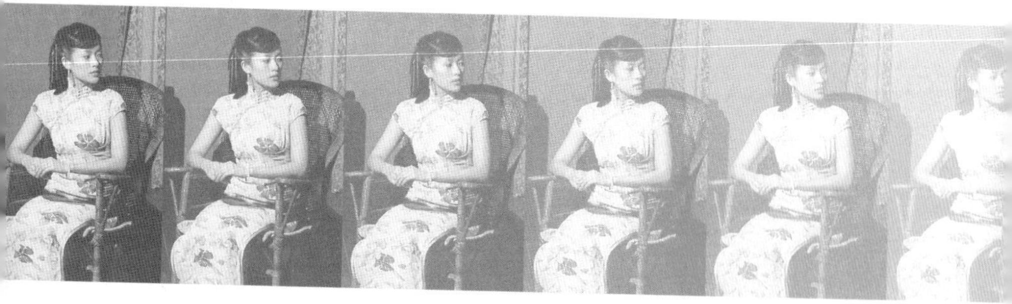

在竹林裡拍武打戲，章子怡不是頭一遭。《臥虎藏龍》裡章子怡與周潤發上演的竹林對打令人炫目。《十面埋伏》中再次面對竹林，章子怡也覺得很親切。但是對於作爲演員的她來說，拍戲的時候一點也不覺得景色有多麼優美。「我覺得能享受到環境美可能是看電影的時候。拍攝時，尤其我在竹林裡拍的都是武打戲，整天被吊在空中，不能吃飯，不能喝水，環境再美我也感受不到。因爲我的身體沒有更多的精力感受那個環境。」

有人質疑影片裡的精彩對打在現實拍攝中一點「不精彩」，演員通常都是擺個架勢而已。章子怡有一些無奈：「我不敢說是『台上一分鐘，台下十年功』，但我平時一直沒有停止過這方面的鍛鍊，包括這次拍《十面埋伏》前我還專門去參加了一些培訓。其實任何一個人如果不是從小習武，擺出的架勢都是花拳繡腿。但即使是『花拳繡腿』也有個高低之分，我能做到的是打得更像一點，模仿得更像一點，更往專業上靠近一點。」

其實章子怡知道，沒有人逼著她這個動作一定要打得最漂亮，但是她覺得不滿足，她經常跟武術導演程小東說：「可不可以再來一遍，我想打得更好。」沒有一個導演會說他不願意，武術導演都希望他設計的動作演員可以演得淋漓盡致，你越這樣要求，他越是樂不可支。章子怡對自己的要求是：「儘管我不專業，但我儘量在這個層次裡做最好的。」

拍《十面埋伏》時，每天看重播，已經成了章子怡的一種習慣。她覺得拍過之後自己來看自己的表演，可能會看出一些問題，再遇到時可以引起注意。在電影還沒拍完之前，這些有問題的地方也許還有機會重新拍，這樣可以把遺憾減到最少。章子怡覺得自己可能別的做不了，唯一能做的就是拍好電影。所以在拍攝的時候她特別細心，儘量把握好人物，把整個角色演得漂漂亮亮。

這次拍《十面埋伏》，章子怡最深的感受是創作空間加大了。跟以前不一樣的是她敢於發表一些自己對人物的理解，有自己的主觀態度，她覺得這是她有過一些拍戲的經驗後獲得的能力，她說：「我演的這個角色經歷很豐富，個性也有很多變化，再加上故事非常好看、吸引人，這些都對我塑造角色有很大的幫助。」

二〇〇三年十一月十九日，大隊人馬結束最後一個外景地永川的拍攝，轉場到北京，開始拍攝北影影城內的戲。這就是整部影片最美的一場戲：牡丹坊之戰。

所有親眼看到過《十面埋伏》的人都會達成這樣的共識——「牡丹坊」之戰是片中最為美輪美奐、令人銘心刻骨的一幕。在這一場戲裡，奢靡安詳的歌舞聲中卻潛藏著江湖殺機，盲歌伎舞姿輕靈婀娜，兩位捕快身手敏捷，意亂情迷中殺人於無形……張藝謀說：「多少年後，人們不會總記著你的整部電影，人們只會對電影中的某個經典場面記憶猶新。」在他心中，《十面埋伏》中的「牡丹坊」正是承擔了這樣的功能。

無論是《臥虎藏龍》還是《英雄》，章子怡扮演的都是風塵僕僕的俠女，有的是一股子狠勁。《十面埋伏》中，章子怡則扮成唐朝的歌舞伎，在佈景華麗至極、氛圍如夢似幻的牡丹坊中載歌載舞，宛如躍出壁畫的敦煌飛天仙女，散發出最為純粹的嫵媚與柔情。

章子怡在進中戲前有六年舞蹈底子，可以說「牡丹坊」這場戲給章子怡一個重溫舞蹈夢的舞台，整場戲將她的身體語言發揮得淋漓盡致。她說自己從來沒有使用過三尺長的水袖跳舞，何況在影片中這不僅僅是舞蹈，同樣是武術，所以輕盈的水袖還要舞動出沈重的感覺來，更難的是她演的是一個盲女。

「舞蹈演員很重要的是透過眼神來傳遞情緒，但我在這裡卻不能用眼神。另外，因為第一場舞蹈，我是被『金捕頭』逼迫著跳的，所以表情必須是壓抑的，有一次我跳著跳著進入了舞蹈的感覺，導演突然說：停，我問爲什麼停？導演說：你中間笑了。我說：沒有笑啊！於是我們看重播鏡頭，大概是因爲回到了過去跳舞時的感覺，我無意中笑了。」這段舞蹈兼打鬥的場景大約十分鐘，但是章子怡爲了模仿盲人跳舞卻用了整整兩個月的時間學習。

七個多月的時間緊密拍攝，包括拍攝的五個月還有前期兩個多月的訓練，除了學習舞蹈、堅持練功，還要熟悉影片中可能用到的各種兵器：劍、長棍、雙刀等。給章子怡深刻感受的就是對盲人生活的體驗，而且拍攝中，視力正常的她始終要保持盲人狀態表演，這是個很大挑戰和難題。「相比《臥虎藏龍》，這次我的打戲也很重，唯一不同的是我雖然看得見我的對手，卻還得保持盲人狀態。拍戲時，我要以盲人的狀態去打、去舞。」

爲演好這個角色，章子怡特意跟一個盲女孩朝夕相處了很長一段時間，帶她出去玩，慢慢把一些舞蹈、武打的動作教給她，隨後仔細留心她的神態和肢體語言。晚上經常關掉家裡所有的燈，摸著黑去洗澡。常會撞到家具上，身上青一塊、紫一塊。

在這個體驗過程中，章子怡發現當面前一片漆黑時，突然覺得世界變小、變慢了，所有的感覺都是由內而外發生的，這個感覺突然間讓她覺得很快樂。「當我再演到後面，我發現除了用心之外，還可以用眼睛交流，那樣的感覺是強烈的。」

影片結束後，回想起這段經歷，章子怡很感激那段生活，更感激影片中那個盲女孩給她從心底帶來的對待生活和工作的認識。「我一直希望自己可以兩條腿走路，哪一個角度對我來說都是一種鍛鍊！很多人認爲拍動作戲，就不需要演技。至少別人這麼說，我是不服氣的。其實文戲和武打戲是不能孤立的，任何一個人物都需要用心，畢竟你演的是一個人的靈魂，而不是一個人的軀體。」

衝出埋伏，俠骨柔腸

在《十面埋伏》的一張海報中，金城武拉著章子怡的手，兩人奪路而走，卻有纏綿的牽扯。拍那場戲是在烏克蘭，劇組到達烏克蘭的時候是深秋，漫山遍野的黃色野花。

章子怡很難忘在烏克蘭拍攝的兩個月。劇組拍攝地叫里沃輔，從首都基輔驅車要十幾個小時，章子怡說：「那裡的秋天很美，漫山遍野都開著黃色的野花，烏克蘭給我的第一印象就是綠，它們的綠化地區占國家總面積的百分之四十。我們去的時候正好是收穫的季節，果園裡的水果很豐富，我有時會去摘摘蘋果，蠻好玩的。有時間早晨我會出去跑步，晚上散步，那兩個月的生活過得很安靜，沒有什麼打擾。可能是我們的拍攝地比較偏遠，我感覺那兒的人都特別樸實。」

「如果有機會，大家可以去烏克蘭旅遊。那裡的年輕女孩很漂亮，還有烏克蘭的巧克力又便宜味道又好。」

在章子怡輕鬆笑談的背後，似乎在拍戲時受傷的經歷都漸漸隱去。談起受傷，她已經輕描淡寫：「當時挺嚴重的，在烏克蘭把頭撞了，這些也無所謂了，因爲拍這樣的戲是難免的，我是受傷了，但別人也一樣，金城武從馬上摔下來更嚴重。所以我現在對傷痛很坦然，這是我的工作，我受傷是應該的，哪個演員拍武打戲不受傷呢？所以好了繼續工作就是了。」

拍金捕快假扮嫖客深入牡丹坊那場戲時，過於入戲的金城武竟將章子怡的舞衣撕破，右手舞袖更被生生扯斷……現場親眼目睹拍攝情況的工作人員透露，兩人拍攝時均非常投入，章子怡更被弄得衣衫不整、披頭散髮，眞如被人欺淩一般，事後心情難以平復以致於眼泛淚光，需要助手從旁安慰才能繼續拍攝。

而另一場被六名官兵追捕的戲中，六名男子手持木棍向她襲去，最終他們用勁掄起木棍將章子怡全身壓到一個泥濘的水塘裡，幾乎連頭部都被浸了下去。

拍武打戲受傷是在所難免的，所以我們會看到倒在牡丹坊地上的金捕頭，那時他的腿上打著石膏，完全無法行動。章子怡在初拍武打戲時，由於不會保護自己，常常受傷，可是這一次在拍《十面埋伏》時，她經歷了一次痛徹肌骨的皮肉之苦，她說被打完以後發現，突然間很靜，什麼都聽不到，世界都停住了，人一下就蒙了。

最後一場戲時，烏克蘭下了很大的雪，章子怡扮演的小妹躺在地上，身上蓋滿了雪，她實在是凍到不行了，而且角色要求她完全不能動，後來她冷得開始顫抖了，嘴巴一直在抖，副導演看見說：「子怡，你沒有台詞！」弄得她哭笑不得，那時候她已經控制不住了。

然而這些苦，再也不會讓章子怡委屈到哭了，它們都已成爲她演藝經歷中寶貴而眞實的體會，章子怡這次的表現也證明她是個好演員。她演的盲女神韻準確，在感情戲上的表現，可以看得出是用了眞感情的。

章子怡在接受上海新聞晚報記者採訪時說，張藝謀導演喜歡讓演員放手去演，每一次表演他都希望挖掘演員身上的不同之處，而王家衛則完全不同，「如果他認爲你能達到某個程度，即使你自己都心裡沒底，他也會拉著你到那個點。」

她還特別感謝張藝謀導演給她提供了表演機會。「以前大家看到我的銀幕形象比較簡單，這次張導演給了我很大的表演空間，『小妹』在臥底的過程中投入了自己的感情，最終變成悲劇人物，我覺得這是我迄今爲止表現得最爲豐滿的一個角色，我很珍惜。」

在影片拍完後章子怡看《十面埋伏》的時候，被戲裡面那兩個人物的情感，那種愛到撕裂的程度所震撼，她覺得現實生活當中，也可能就是人的一種幻想。但是她還是喜歡演一些比較悲情的電影，她說喜歡將一個人物捏碎了，再像凍冰塊一樣，把水一滴一滴地滴進去，塑造成型，然後再經過雕刻，刻她的眼神，刻她的體態，整個這個過程都令她無比著迷。

記者請她用三個形容詞來形容她與張藝謀合作的三部電影：《我的父親母親》、《英雄》、《十面埋伏》，章子怡將之概括爲三個動詞：「《我的父親母親》是爬，《英雄》會站了，《十面埋伏》就走起來了！」她期望在第四部影片中的表現可以用「飛」來形容。

北方佳人

《十面埋伏》自誕生之日起，就遭到了全國人民的「口水洗禮」。章子怡的歌聲和表演受到強烈的爭議。章子怡扮演的小妹，怎麼也死不掉，成了最大的「笑料」。

章子怡在做客新浪網時回應網友說：「《十面埋伏》上映了，我也聽到一些評價，喜歡的、不喜歡的，讚揚的、批評的，我很開心，眞的，因爲作爲一個電影工作者來說，聽到批評的聲音應該是很高興的，不管這批評對於電影本身還是對於其中的某個方面的。因爲如果人永遠在讚譽下面生活，就永遠不會進步。」

「現在看《十面埋伏》，我會有更多的想法，或者我可以用另外一種方法去理解、表達它，但是，當時的很多東西是永遠地留在記憶裡面了。電影最有意思的地方就是這個，過程中你做到什麼樣的程度，電影就留住了，一留就是永遠。」

對於雪地那場戲，章子怡說：「現在看了這個戲，再去想想，如果那場戲，我不是一再站起來，而是一直在雪地爬，帶著傷向那兩個男人爬去，要阻止他們，有我更多的情緒在裡面，不知道是不是另外一種感覺。」

章子怡表示如果再有機會還想演盲女，因爲這次是假扮的，下次想演眞正的盲女。

她想如果還有足夠的空間可以再去塑造一個，因爲這次盲女只是表面上的，章子怡說她喜歡看悲劇，像《活著》和《在黑暗中漫舞》（Dancer In The Dark），看完影片會讓人抽離不出情緒，觀眾跟著主人翁，跟著他們的劇情爲他們累、爲他們痛，她希望演那樣一個很深刻的故事、很人性的角色。

章子怡在《十面埋伏》中一段婀娜翩躚的舞姿成爲影片中的驚鴻一現，恰逢章子怡的母校北京舞蹈學院建校五十周年大慶。在《十面埋伏》首映會期間，她抽空回到了闊別已久的母校。回到校園的章子怡穿著牛仔褲和T恤，一如當初清純的學生時代。章子怡先到舞蹈專業教室看了看，一路碰到熟悉的老師，都熱烈地擁抱問候。章子怡動情地說，六年的舞蹈學習除了磨練了舞蹈藝術的技能，更加鍛鍊了她堅忍不拔的品質和追求完美的信念，這都對她現在的演藝生涯影響至深。在聚光燈照耀下的章子怡，回到母校的懷抱中，洗盡鉛華，盡現成熟謙遜的一面。

章子怡由寂寂無名變爲國際明星，毋庸置疑，除運氣外，她靠的是個人素質和努力。她一直保持和英文老師口頭對談的習慣，英語能力越來越強，出席大大小小國際影展時也由不諳英語到可用英文答問。

《十面埋伏》在北美舉行的首映禮上，今非昔比的章子怡因《臥虎藏龍》、《英雄》

在美國大賣，其知名度大大提升，到場後立刻成爲媒體追訪的焦點，美國CBS等多家電視媒體爭相對她進行採訪，早前屢次傳出章子怡出席國際性的電影場合時，因英語欠佳而尷尬不已，首映禮當日現場雖然安排了翻譯人員，但章子怡已經能夠落落大方地用英語流利對答。她說她以前不太敢開口，但是現在她會儘量去說，不斷去學。

第十章

成長日誌

最親切的女孩

在媒體和很多觀眾眼裡，章子怡是個可望而不可及的明星，對於她耍大牌之類的報導人們也不覺得新鮮。對此，章子怡並不否認。「人們不瞭解，我也沒那麼著急要人家一定瞭解我，有的時候解釋是徒勞的。信任我的人，別人說我不好，他也不會被左右；不信任我的人，別人說我再好他也不相信。我不會像有些文章寫的那樣耍大牌，沒必要嘛。我愛我的角色，就會全力以赴用所有的精力來詮釋這個人物，這是我唯一的樂趣。」

除此之外，爲影片做宣傳時，章子怡會有機會去世界各地不同的國家，她很開心幾乎在各處都能看到自己的影迷，這些影迷大部分是透過動作片瞭解她的，例如《尖鋒時刻2》。章子怡說她跟美國的影迷交流印象比較深刻，因爲去美國的次數比較多，有很多人認識她，但是叫不出她的名字。章子怡一直都沒有取英文名，當時拍《臥虎藏龍》李安導演建議她取一個英文名，最後她也只是把「Zhang Ziyi」

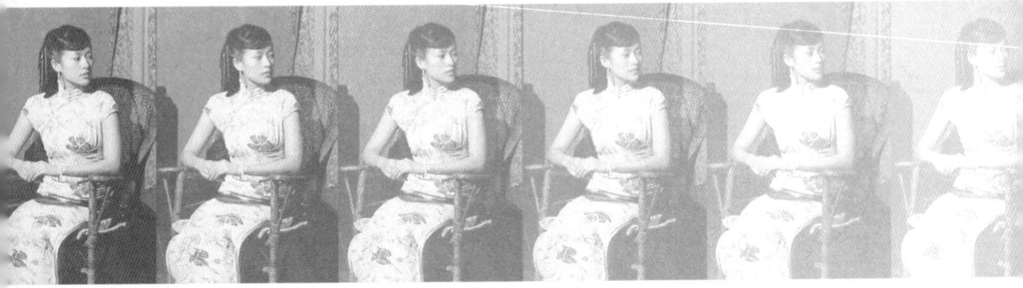

改成「Ziyi Zhang」，由於這個名字用英文念起來比較拗口，影迷們索性只記住了角色的名字。她對他們表達喜歡的方式很有興趣，在國內，影迷們會希望與她拍照或索取簽名，而外向的美國人總是喜歡不停地跟她講話。

章子怡在美國的經紀公司每個月都會收到很多國際影迷的信，有美國的、日本的、歐洲的、還有非洲的。他們寫信除了索取她的簽名外，更多地還會表現出對中國電影的好奇以及對中國文化的興趣。章子怡說讀這些信時她會很欣慰，因爲她覺得她拍的電影不單是給人們一種娛樂，還有一種非同尋常的意義。這也許是一個窗口，讓他們由此對中國人、中國的古老文化、中國的服裝等感興趣。

章子怡的願望是能有一個跟影迷眞誠對話的管道，「我也希望能跟國內的影迷有一些近距離的接觸，可能是這幾年我一直沒有拍電視劇，大部分觀眾對我沒有那種很親切的感覺，他們瞭解我的方式大部分是透過娛樂新聞或者是小道消息。」

章子怡一直覺得這種溝通屏障是她感到比較遺憾的事，但她還沒有尋找到一個好的機會去表述自己，因爲連續幾年她都把主要精力放在拍戲上。「我希望能建立起一個跟影迷交流的管道，在那裡大家可以看到一個眞實的、眞誠的章子怡。我希望那種溝通就像我現在跟你說話一樣，每一句你都可以寫，因爲它發自我內心深處。」

二〇〇四年章子怡和全中國百家媒體及部分影迷度過了一個難忘的生日，她的個人官方網站於當日啓動，章子怡說：「生命中還是頭一次有這麼多人爲我過生日。」章子怡在這個網站上傾注了很多心血，五個多月，圖片、顏色、聲音，每個細節她都參與其中。她最喜歡的部分是日記和論壇，「日記可以提高文字素養，論壇則會加強交流。」

在出道之初由於個性搶眼被媒體責怪「不會做人」的章子怡其實一直都是坦率而眞誠的。在《十面埋伏》首映會前，由《超級訪問》節目承辦了一次章子怡與網友的見面會，到場的很多網友都是章子怡官方網站的常客，那天章子怡幾乎沒有化妝，穿著休閒的裝束，黑背心、白褲子和運動鞋，既不失國際巨星的風采，又有鄰家女孩的親切。

章子怡一上場就顯得很緊張，主持人李靜開玩笑說，你見過那麼多大場面，爲什麼還是會緊張？甚至聽說你還爲了見面會的事失眠了。子怡說，這是她第一次正式與影迷見面會，在座的都是喜歡和瞭解她的人。

與影迷們的活動進行到最後，章子怡拿出了一疊厚厚的卡片，那是第二天《十面埋伏》的首映門票。章子怡曾承諾幫影迷弄票，因爲門票非常搶手，透過主辦單位那邊無法實現，便自掏腰包爲參加見面會的影迷買了票，在場的許多影迷感動得幾乎落淚。

好風憑藉力，送我上青雲

這一年，章子怡參加的三部作品《茉莉花開》、《2046》、《十面埋伏》相繼問世，不管挑剔的媒體肯不肯承認，二〇〇四年，章子怡和她的作品肯定會被載入中國電影的年度史冊。

對於這些章子怡覺得自己生活很充實，她說人在忙碌的時候，是最幸福的，尤其是爲自己愛的人、愛的事業忙碌。「我要把眼前該做的事情踏實地做好。既然我選擇了，我就願意拿出時間。我要做，就必須努力去做好，弄糟工作其實就是弄糟自己。我不是一個會作夢的人，我不喜歡憧憬，也沒有什麼長遠的計劃。從來不去想我什麼時候才能拿到最佳女主角，我覺得這些東西很不現實。」

「遇到好的導演、好的劇本，我當然願意去拍。因爲對我來說，都是一個個挑戰，我願意去感受和經歷一些新鮮的事物。沒有人逼著我必須接拍某個電影。我拍的所有電影都是我要拍的，既然是自己選擇的，就沒有理由不好好完成。我拍電影都是花很長的時間，我從來沒有兩個月拍三個電影的時候。我就是想演那個人物，把戲演好。」

在工作和外界環境中依然存在很多壓力，但是她已經懂得學著調節自己，讓自己儘量保持健康的狀態。很多人都說章子怡成熟了，也更有味道了。章子怡笑言自己在成長過程中不斷地去感受社會、生活和週遭的環境，她性格直率，也不想因爲整個圈子裡的一些風氣而改變自己，章子怡認爲現代女性要有自己的事業和生活空間，自信的女人最美麗，她自認還未達到現代女性的標準，還處於學習的階段。她的理想狀態就是自信、自我，清楚自己要什麼、能做到什麼，精神很獨立。

二○○四年十二月二十八日，章子怡成爲國際《娛樂週刊》年度風雲人物，與梅爾・吉勃遜（Mel Gibson）、凱特・溫絲蕾（Kate Winslet）等好萊塢著名影星平起平坐。

隨著《英雄》、《十面埋伏》在北美市場看好以及橫掃美國網上影評人聯盟舉辦的第五屆Cinemarati頒獎禮的二十五項提名，章子怡更是憑藉《十面埋伏》中女盲俠一角與凱特・溫絲蕾、妮可・基嫚（Nicole Kidman）、烏瑪・舒曼（Uma Thurman）等國際巨星爭奪最佳女主角。

《紐約時報》的電影娛樂版面詳細報導了她在美國拍片的情況，《紐約郵報》則在專訪文章中評價說：「憑藉天使面孔以及塑造了多個身手矯健的動作女英雄形象的章子怡，有望成爲中國首席女星。」她還登上了著名雜誌《MAC》發佈的「二〇〇四全球十大性感女星榜」。

寵辱不驚

有評論說章子怡是繼鞏俐、張曼玉之後又一個「中國電影代言人」。章子怡不覺得自己能擔此重任，但她希望有更多的人看中國電影，這也是爲什麼她們在國際電影節上精心打造自己的形象，努力配合各國媒體做訪問的原因。

對於「最有身價」、「最佳票房」、「最具國際影響」這些詞，章子怡一直都覺得是空虛的。她說：「我從來也沒經歷過那種被人視爲偶像一呼百應的場面，我沒演過電視劇，我不是那種大眾化的演員，我有我的世界，也許別人永遠感受不到，所以我不會跟別人比。」

六年裡章子怡留下的每一個足跡似乎都和「幸運」兩個字相關，章子怡說依旁觀者看來她的成功似乎過快了，但是她自己知道自己的工作和成績其實是一步接一步的。《臥虎藏龍》中表現出色，才會有《尖峰時刻2》、《2046》等，不過大部分人看到的只是結果而非過程。一度她也想如果能夠多一些人去理解她的話會如何，但是別人沒有這個義務；如果他願意去理解你的話，也許他會站在你的立場上去想一想。

「我從一出道拍《我的父親母親》，直到現在，我覺得各式各樣的聲音在我身上不斷地發出，或者可能還會繼續延續下去。當時我會說我很努力、很不容易、你看那個戲多難拍……但後來慢慢地發現，其實沒有必要講這些了，我覺得可能是因為長大了，會覺得人家這樣想是有道理的。」

「現在不能只說機會是多少、運氣是多少、努力是多少，這是綜合性的因素。機會來了，我把握不住，那也沒用。前一兩部戲可以跟那麼優秀的導演合作，我承認那時我是幸運，到今天，我會說拿作品說話。」

「我十九歲出道，那時什麼都不瞭解，一出來就要面對許多問題。以前我特別在意別人的說法，但現在仔細想一想，還是做好自己就行了。承認也好，不承認也罷，就讓別人說吧。我有足夠的勇氣去面對不同的聲音，不管是哪一方面都會對我有幫助。但人不能輕易改變自己的心態和追求。我不想隨波逐流，不希望掩飾自己的眞性情，因爲最自然就是最眞誠的。通常，社會大環境可以改變一個人的性格或者磨滅個性，但我不想爲誰改變，也不想因爲外界的變化改變自己最可愛的地方。」

「我想是長大了，未來還是一個時間的過程，我會不斷磨練，大家慢慢就會看到的。」

花樣心情

在《十面埋伏》中她與劉德華、金城武共同詮釋一段難解難分的愛恨情仇，對於這個正值最美麗年華的女子，人們不由得注意起她的感情經歷。在沸沸揚揚的緋聞、頻閃不斷的鎂光燈，以及永遠也趕不完的通告背後，這個二十五歲女孩的愛情世界究竟是什麼模樣，似乎沒人能夠猜透。

人們最初認識她，是在農家田埂上跑過的小姑娘，單純而直率，她說：「我相信假如我愛上某個人，恐怕不會和電影的故事情節一樣的，因爲這個社會在不斷發展，人與人之間的關係不可能像中國上個世紀五〇年代那樣純潔。」

她曾爲《十面埋伏》中的故事而感動落淚，她說那是夢裡才會有的故事，現實中，是不可能有那種愛情的。小的時候，她和所有女孩一樣憧憬白馬王子。她說比較欣賞有才華的男人，無論是做什麼的，都要讓她敬佩和尊重，「要降得住女人」。

「我是一個責任感很重的人。例如一旦愛上了一個人，或者是有了這份情感，我不會說走就走，或者是說放棄就放棄了。不可能那樣，好像那麼隨意，可以投入到一段戀情，走了，然後又投入到另外一段戀情，我很難做到這麼灑脫。」

這番感性的話又令人想起那個風姿婀娜的舞女白玲，骨子裡還是徹底的深情，「我愛上的人會佔據我整個心，成爲我的一切。」

在眾多電影中塑造了諸多「狠」角色的章子怡並不被戲夢迷惑，她說儘管自己敢一個人睡在一張大床上，也可以一個人在外地住飯店，這些都不怕，但她害怕心靈上的孤獨。「我不會一個人生活的，人最怕沒有親人、朋友，更重要的是精神沒有寄託，這才是最可怕的。」

現在的她有時候會忙得團團轉，繁忙的時候人會充實，她覺得生活很充實，心情也能調節好。但是她還是認爲，對於女人來說，心靈有寄託是最重要的。女人都是情感動物，無論你的感情是給了一個男人、一個女人、一個孩子，還是你的工作，感情總是要有寄託的。

章子怡說現在還不知道將來的婚姻是什麼樣子，但她一定會成爲一個母親，一定會要孩子，她覺得這樣才是完整的人生。

「在人的成長過程中，每一個階段付出的東西都是眞的。隨著年齡的增長，你回頭看時，那些都是很美好的。但你長大了，成熟了，對很多情感的認識也不同了，這也是正常的。」

金雞啼曉再封影后

二〇〇四年九月，第十三屆金雞獎揭曉，二十五歲的章子怡憑藉《茉莉花開》中一人分飾三角的突出表現奪得了最佳女主角獎。同一天，在上海《２０４６》的全球首映會上，王家衛、梁朝偉、劉嘉玲等都對章子怡飾演的風塵女子白玲讚不絕口。

這兩場盛會，章子怡都缺席了，因爲她在美國洛杉磯忙著準備即將開拍的《藝伎回憶錄》。

在金雞百花電影節上，當頒獎嘉賓葉童宣佈章子怡獲得金雞獎最佳女主角獎後，《茉莉花開》導演侯詠替她上台領獎。從侯詠上台的一番話得知，正在洛杉磯的章子怡一晚沒睡，也在焦急地等待現場結果的公佈。結果公佈後，章子怡很快就打電話到晚會現場。「得知獲獎很開心，現在是洛杉磯的早晨六點半，我最近一直在美國參加新電影的拍攝，很遺憾不能到現場。我非常感謝各位專家和評審，對我在《茉莉花開》一片中表演的肯定，感謝他們給我的殊榮，對年輕演員，這是一種無形的鞭策，感謝導演侯詠幫我完成『茉』、『莉』、『花』的塑造，也感謝侯詠導演替我領獎，幫我拿好獎座。」

在此之前，章子怡根本就沒想過能得獎，她一直很關注國內的電影獎項，金雞獎又是最權威的，覺得能獲得提名已經很高興了。其他什麼都沒有多想，她說：「得獎這種事情，眞是可遇不可求。」

這是章子怡生命中最難忘的影后頭銜，她很遺憾因爲工作走不開，沒能去領獎，「不過沒關係，侯詠幫我領了。得獎是一種鼓勵，但是如果不得，我也不會因此氣餒。」

對於《十面埋伏》只得了個最佳美術獎，她也感到有些遺憾：「我們拍這個電影的時候非常努力，所有的演員、工作人員都很團結，非常希望得到大家的認可。我很喜歡這部電影，很懷念那段拍攝的日子。但是得獎與不得獎有很多原因，對我們來說，盡力了，就行了。」

金雞影后是章子怡二〇〇四年在國內獲得的第一個重要獎項，此前由她主演的《茉莉花開》相繼入圍上海國際電影節和華表獎，但是都與最佳女主角擦肩而過。如今影后加身，章子怡卻顯得十分冷靜：「能夠獲得這個獎，我覺得非常不容易。對於影片來說，這是一件錦上添花的事情。感謝大家對我的鼓勵，讓我增強繼續前進的動力。」

這屆金雞獎，劉燁、章子怡分別捧得最佳男、女主角獎。這兩個出自中央戲劇學院九六級「明星班」的同學一起獲獎，並包攬了影帝影后桂冠，班主任常莉老師的心情格外好。對於愛徒的成功，常莉並不意外，「大紅大紫是循序漸進的，他們自己下了很大的功夫。別人看他們多麼風光啊，可是自己心裡痛苦的時候誰知道呢？」

「劉燁、章子怡付出了很多。我看了《十面埋伏》拍攝過程的紀錄片，章子怡跟男孩子對打掄刀，刀的速度那麼快，只要聽到她慘叫一聲，那準是對方的刀掄到她身上了。」常莉最理解學生的不易，「他們可不是普通人想的那樣演一部片子就紅了，都是經過很多困難，一步一步走過來的。」

心靈深處的安寧

「其實，我眞的不像大家以爲的，那麼有計劃。」章子怡說，「我從來沒想過我這一生要怎麼過，從來不會去設計在一個腳步之後，接下來該怎麼走。我只是秉持著一個信念：把自己的現在做好，把自己控制好。我覺得能夠把自己做好、控制好，已經是非常不容易的一件事情。其實，我眞的沒有大家想像的那樣複雜，沒有我所演的角色複雜，沒有他們那麼了不起。而在離開角色之後，章子怡其實就是一個簡單的人，一個特別純粹的人。」

在歷經過去長達一年多的辛苦耕耘之後，二〇〇四年無疑是章子怡的作品豐收年，《２０４６》、《十面埋伏》、《茉莉花開》，三部風格迥異的電影，五個截然不同的角色，章子怡周旋其間，起伏在不同人物的命運裡。「很過癮，」她說，「每一個角色，都是很棒的經驗。」章子怡喜歡談戲，談戲的過程，抑揚頓挫間，栩栩如生的形象彷彿在你眼前，正在上演著一幕又一幕的戲。

三部影片輪番上映，人人都說這一年是「章子怡年」，章子怡卻說自己在意的並不是這些。這幾部電影中章子怡最喜歡《茉莉花開》，她說演足了那麼大的年代跨越、個性和命運那麼不同的女人，演得太淋漓，太過癮。而面對萬眾矚目的《十面埋伏》和《2046》，她反而在眾聲喧囂中有一點淡然，「我只是用全力將角色演好，至於票房、演出後的效果，不是我能控制的，也不是導演能控制的。把自己可控制的東西控制好，做到這一點我就很滿意。」

章子怡說，她從來不相信童話，如今，她正在用自己的實力顛覆當年那些有關幸運和炒作的質疑，她的一隻腳已經跨到了西方，功夫非凡地成為華人電影進軍好萊塢的敲門磚；而她的另一隻腳，則始終站在與國際一流導演合作的藝術電影領域，那是她眞正施展「野心」和才華的天地。

「我覺得我現在很快樂，因爲我有選擇的權力，不僅僅是他們選我，我也可以選，同時也在選我的角色和劇本。所以我覺得有選擇的權力可能就會讓你更加自信。」她沒有想過自己成長的邊際線在什麼地方。現在她始終都是有好戲就去拍。「我拍的量其實也不大，一年才一兩部電影。我不著急，我覺得要爲喜歡的事情去努力或者去付出，痛也好，艱辛也好，但是你自己選定的，你就會願意爲它去做。」

就像可口可樂公司找她代言的理由就是：章子怡充滿活力、勇敢追求，這是年輕一代所崇尚的。章子怡依然鮮明，目光卻投向更遠處。當她談到威尼斯電影節主席面對某中國記者「鞏俐與章子怡誰更漂亮，你更愛哪一個」的提問時，便如此說，「如果是我，會建議他拒絕回答這種問題。我們有太多更值得關注的問題啊！

這個性格倔強的女子依然直接，媒體卻開始轉變態度，從最開始的不客氣，甚至挖苦嘲諷，到漸漸開始用公正的態度描述她、介紹她。十九歲出道的時候，人們說她幸運，後來與一系列知名導演合作，有人說她是善於攀附的淩霄花，而現在，沒有人會再用「幸運」形容她。

無疑，章子怡是個成功的女孩，但一直眷顧她的幸運女神和正處於顚峰狀態的事業卻沒有把她變得驕縱。雖然電影、廣告以及其他活動幾乎占滿了章子怡的全部時間，但她總會抽出片刻，爲她心系的公益事業盡力。

最近在摩洛哥的皇室慈善活動「玫瑰晚宴」上，我們又看到了章子怡燦爛的笑容，摩洛哥的慈善晚會是由已故王妃發起的，雖然現在她已與世長辭，但每年的慈善晚會卻依然延續著她的愛心。晚會每一張昂貴的門票都是由貴賓們自己購買，而獲得的所有款項也將全部捐助給年輕的藝術家們。「像這樣的慈善活動我很樂於參加，我希望用自己的影響力去支持有意義的公益、慈善事業。讓需要幫助的人得到幫助。我已經在爲一些基金會工作，幫助他們籌集資金。」

在章子怡看來，「公益活動請明星做形象代言人，是利用明星良好的公眾形象吸引社會各界支持公益事業。那些利用公益活動宣傳自己的明星，顯然是不對的。我參加代言的公益活動不多，有些打著公益旗號的商業活動，都被我拒絕了。代言公益活動是一種使命，做得最好的是濮存昕的預防愛滋病，他的所有行動都是發自內心的，絕不是作秀，是我學習的榜樣。」

最典型的例子出現在SARS病毒瘋狂侵襲中國的時候。當時，中央電視台決定拍公益廣告，透過電視教老百姓勤洗手、戴口罩以及對居家環境進行清潔消毒。當他們找到章子怡請她代言時，章子怡一口答應。

其實，章子怡的公益行動，並非從非典開始的，二〇〇二年二月二十八日上午，中國政協副主席、援藏基金會理事長阿沛·阿旺晉美將手中的一條潔白哈達獻給章子怡，這也標誌著二〇〇二年全面啓動，旨在協助政府爲西藏掃除青壯年文盲、資助貧困家庭子女完成大學以上學業，培養各類人才的「育人工程」正式擁有章子怡做「慈善使者」。

這個消息一見報，就有一個國家的使館給章子怡打來電話，願意爲基金會資助一百萬元人民幣。這筆捐款讓章子怡無比欣慰。

即便在國外生活和工作的期間，章子怡仍不忘爲公益事業做點什麼。在紐約的幾個月裡，她最難忘的就是參與當地盛大的慈善演出，爲愛滋病兒童籌款。當時，許多家長都帶著患病的孩子出席了有章子怡參加的演出，各界知名人士也對她表示了極大的支持。那次演出共籌到兩百多萬美元的善款，讓她的社會形象大大提升。

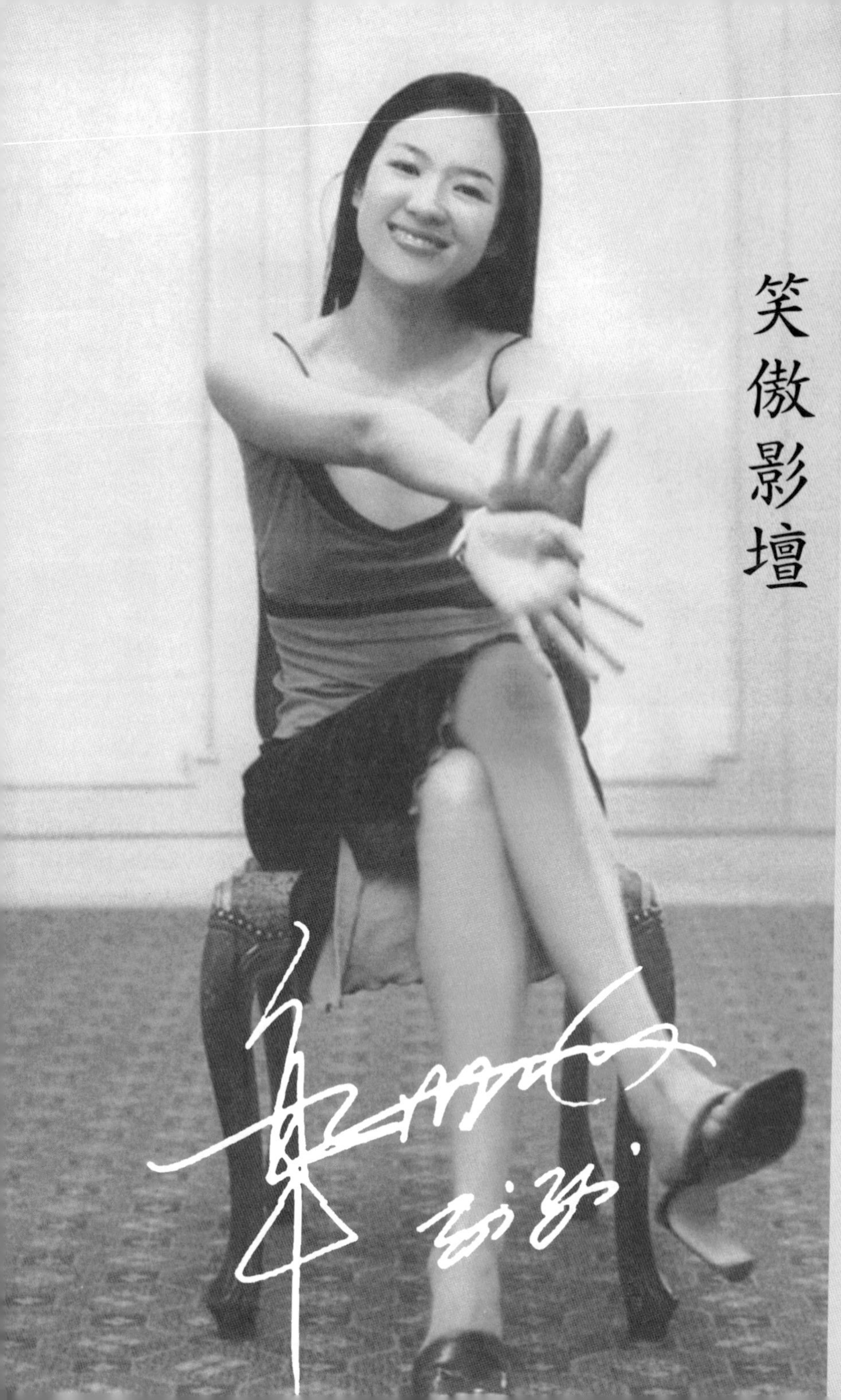

第十二章

笑傲影壇

攜手東瀛，再秀歌舞

《2046》之後，似乎沒有人注意到章子怡的動向，直到二〇〇五年初香港國際影視展上，記者們在好萊塢、法國、亞洲新貴以及各國片商展示的新片中看到章子怡的首部日本影片《狸御殿》公佈了官方海報。

《狸御殿》根據二十世紀四〇、五〇年代享譽日本的歷史音樂舞台劇改編而成，由日本極賦盛名的資深導演鈴木清順指導。故事取材於一個在民間廣爲流傳的愛情故事，講述一隻化身爲美貌公主的狸貓與被放逐的年輕王子之間的愛情故事。由於該片彙集了日韓兩國最頂尖的製作團體和演員陣容，因此備受矚目。

無論是在歐洲還是中國的電影界，鈴木清順導演都非常有名，很多中國的導演和演員都知道他。不瞭解的人或許會很吃驚，這位執導《流浪者之歌》、《夢二》而揚名世界的日本「異色電影作家」居然被日本國內譽爲暴力色情的「B級影片掌門人」。鈴木清順曾在六〇年

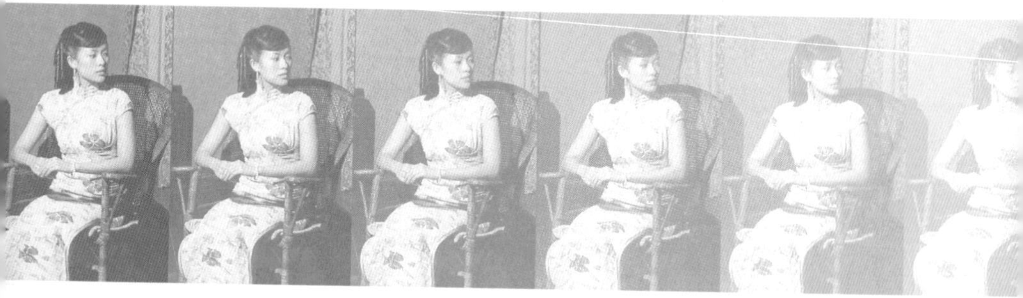

代拍攝了一系列類似影片，更在七〇年代被禁拍十年。這次以八十一歲高齡重出江湖，鈴木清順選角時就已經大傷腦筋，尤其是以狸貓化身成人類的女主角「狸姬」，他一直希望由影迷公認的大美人擔任演出，千挑萬選下，最終揀選了章子怡。

在《英雄》、《十面埋伏》裡，章子怡都和日本電影人合作過，例如服裝師和田惠美、作曲家梅林貿，在日本拍廣告時她也接觸到一些工作人員，章子怡說他們的敬業精神令人欽佩，工作品質讓她覺得踏實。對於鈴木清順導演的作品，雖然並不瞭解，但章子怡還是完全信任和放心的，知道電影的品質一定不會差。

章子怡說：「像我這樣年輕的女演員，能夠獲得這個機會，當然要非常珍惜。我之前也看過鈴木清順導演的電影，但是因爲沒有中文字幕，只能說是『看過』。他的名作《陽炎座》裡頭，有一個鏡頭很吸引我：在一個破舊的階梯上，一個穿白色和服捧著蘭花的女子……我眞希望他能再引發出一個截然不同的我，以不一樣的姿態，站在銀幕上。」

章子怡說：「該片看似一個公主和王子的故事，但實際上有更深刻的意義。剛開始研讀劇本的時候，我很好奇爲什麼鈴木導演會拍攝如此純情的故事？這和他以前的風格很不同，想必是導演對這個故事有獨到的構想吧。影片改編自日本一個家喻戶曉的民間傳說，在裡面有很多超現實主義的東西。」

拍攝歌舞劇的機會非常難得，章子怡很想去嘗試一下，雖然在《十面埋伏》裡，她有一段精彩的舞蹈，但那只是整個影片的十分之一、甚至二十分之一，和整個電影都在跳舞的感覺不一樣，她說這會成爲她記憶中很特別的一段經歷。

至於自己如何出演歌舞劇，還有語言問題，章子怡沒有考慮太多，倒想到過自己要穿怎樣的服裝，還猜測過扮演的這個「狸公主」在笑的時候會不會露出尾巴。中國的神話和現代故事裡面很少有「狸」這種動物，章子怡對此有點茫然，爲此還問過製片人，說自己沒有見過眞的狸。鈴木導演告訴章子怡：「沒有見過更好，要透過自己的想像去演。」因此，電影裡面表現的「狸公主」完全是章子怡自身對角色的理解。她說「『狸公主』對我來說眞的是非常特別的角色，總是有種在演舞台劇的感覺。我扮演的不是人類而是動物，再加上電影的類型也是日本傳統的舞劇，對我來說都是完全陌生的體驗，是一種學習。」

「對我來說，拍攝歌舞劇的機會非常難得，戲中還要唱五首插曲，有兩首是完全用日語唱的。但我要說的是，我的歌唱得只是勉強而已。但我覺得，影片最讓我覺得頭疼的地方，是繁複的服裝和化妝，但我現在卻喜歡了這樣的裝扮。」

由於電影通篇需要音樂和舞蹈，鈴木清順讓章子怡用兩個星期時間，專心學習日本歌曲和舞蹈技法。章子怡在片中有大段日語對白。由於沒有日文基礎，死記硬背日文台詞讓她非常痛苦。章子怡甚至在化妝的時候，也不忘抓緊時間戴著耳機狠背一番。但突擊過後，章子怡的日語並沒有多大進步，只好決定讓她在電影中保留普通話，只有唱歌的時候，才讓她唱些簡單日語歌曲，鈴木清順不認爲這會對影片造成負面影響，對章子怡的表演，他沒有覺得難以控制。她用普通話，反而有一種別樣的韻味。

生活中的章子怡感性且浪漫，喜歡憑直覺做事，喜歡那些摸不著的感覺，例如一種味道、一種氣息。「我想快樂其實很簡單，只要你懂得感受它！」經過這麼多的褒獎非議，光環外的章子怡依然笑容明媚，隨意單純。

而拍戲之餘有機會感受京都的美，令章子怡深受感動：寂靜的街道、蜿蜒的小巷，高盤髮髻的藝伎撐傘踱步的身影，凸顯著這座城市獨有的韻味。晚霞升空的黃昏，夕陽的餘暉與霞光交織在一起，從樹枝稀薄處射入，把京都染成一片緋紅。

最令章子怡激動的一幕在最後一場戲拍攝完成時，當章子怡準備離去時，影棚裡所有的燈同時熄滅，一片漆黑中，閃出一束亮光，一塊寫有「親愛的章子怡，辛苦了，大家非常愛你」字樣的板子從棚頂緩緩降落，劇組的工作人員每個人都送了她一束鮮花。她在自己的日記中寫到：「感動、驚訝、喜悅等頃刻間湧上心頭，淚水溢滿雙眼……」

在《狸御殿》中，從攝影、佈景到服裝都彌漫著傳統的日本風情。製作單位還特別強調：「這部影片包括了能樂、歌舞伎、芭蕾、歌劇和搖滾，將令全世界爲之震撼！」影片中的重頭戲，是章子怡與飾演王子的小田切讓的幾段歌舞，這些都是章子怡提前幾個月前往日本學習傳統歌舞技藝的成果。導演還特意在片中爲章子怡安排了一些狸貓語對白，讓她充分發揮自己的語言天賦。對於章子怡的表現，導演鈴木清順用了「無可挑剔」一詞來形容。

這部由中日兩國電影人共同打造的年度巨作《狸御殿》於二〇〇四年三月二十九日在東京都內的凱悅飯店舉行了製作發表會，包括導演鈴木清順和中日兩位主角章子怡和小田切讓在內的主創人員悉數出席。

章子怡身著淺紫色系服裝亮相於眾多媒體前，長髮高高束起，顯得乾淨利落。而男主角小田切讓則是全黑的休閒西裝，兩人一左一後分列導演身邊，?色對比之下顯得格外醒目。

導演鈴木清順稱拍攝《狸公主》是他期待已久的願望。「之前歌舞伎界、落語（日本單口相聲）界的豪華披露會都舉行過，這次終於輪到電影了。能主持名著《狸公主》第七次冠名（襲名，即繼承藝名）披露會，我感到非常高興。」章子怡說：「因爲是鈴木導演的作品，所以我決定演出。導演就像音樂家，他的奇思妙想多得令人吃驚！」小田切讓也談及自己的演出感想，「我以爲瞭解了導演的意圖，但出來的影像卻和我想的不同。好像導演自己才是狡猾的狸，而我們都被他騙了似的。」

生命中的第三位貴人

「挑戰＝成功。面對困難，人，只要勇敢地接受就一定能夠獲得成功！」

挑戰＝成功，這是對章子怡演藝經歷最合適的寫照，放眼國內影壇，能夠像她這樣將目光放得如此之遠的女演員又能有幾人，而她不但敢想，也敢放手大膽去做，還要精益求精做到最好，所以走到今天，面對在國際影壇光芒四射的章子怡，所有關於「運氣」

的看法，在她那裡早已無處容身。

之前外界盛傳章子怡將在由史蒂芬・史匹柏（Steven Spielberg）監製、羅柏・馬歇（Rob Marshall）導演的好萊塢大片《藝伎回憶錄》中擔當主要角色的傳聞終於落實。當美國哥倫比亞公司正式宣佈章子怡被選爲女主角小百合（Sayuri）後，她在個人官方網站論壇上公佈喜訊，稱「新的挑戰開始了」，與此同時，她在個人網站上還發表了一篇記述自己蹦極感受的文章，可見章子怡在那段時間的心情。

《藝伎回憶錄》根據作家亞瑟・高頓（Arthur Golden）的同名小說改編。日本藝伎產生於十七世紀的東京和大阪，故事以藝伎小百合的視角展開，重現了一名藝伎從小拚命掙扎、歷盡榮辱的人生經歷，眞實地刻畫了一名日本藝伎的眞實經歷，再現了日本京都藝伎文化的精致微妙之處。此書對西方有著成很大影響，也是西方人認識日本文化的重要教科書。

《藝伎回憶錄》早於一九九七年就被史匹柏買下電影版權，一九九八年已籌備開拍，但因選角問題推至今日，爲了爭取這個角色，四年來，除了張曼玉，包括劉玉玲、鄔君梅及宮澤理惠都曾赴美會晤史匹柏。

《藝伎回憶錄》的導演羅柏・馬歇談到這部影片時表示：「我與史匹柏是多年的好

友，他能夠給我這個合作機會讓我非常興奮。我們很榮幸能將這本轟動全球的暢銷小說改編成電影，基於原著是一部十分優秀的作品，因此我們在選擇演員時，是否具有國際聲望和影響力就成了首要考慮的因素！我們經歷了很長時間，進行了全面而徹底地尋找，開始幾個月在日本，然後在整個亞洲進行選角。」

楊紫瓊、鞏俐、章子怡這三位優秀女演員是導演和史匹柏共同挑選決定的，他們看過了這幾位來自中國的明星的影片後，決定由四十一歲的楊紫瓊飾演訓練藝伎的師傅；三十八歲的鞏俐扮演心狠手辣的媽媽桑；而二十五歲的章子怡則飾演被父母賣到藝伎院的小百合。很多媒體質疑爲何不用日本女星飾演片中角色，導演解釋說因爲這三位中國女星的國際知名度和演技要遠遠超過同年齡層的日本演員，而且原著也是以西方人的視角去描寫日本文化的，相信經過必要的學習，這三位女星能夠勝任這部影片。此外，影片還選用曾以《末代武士》（The Last Samurai）獲得奧斯卡提名的日本演員渡邊謙，演過電影《我們來跳舞》、日劇《失樂園》的役所廣司以及電影《愛在冰雪紛飛時》（Snow Falling on Cedars）中的工藤夕貴。

《藝伎回憶錄》是章子怡在好萊塢主演的第一部電影，這次她要完全用英語對白，而且是帶有日本口音的英語。她說沒有想到，有一天會以第二種語言來完成一個角色的創作，「這對於我來說無疑是一次艱難的挑戰。我扮演的小百合從十六歲演到三十歲，從貧窮被壓抑到成名綻放光芒。她是個很有承受力、很精彩的女人。正是這個原因才讓我接受這部戲，其實，是不是好萊塢的電影不是最重要的，角色的吸引力才是第一位的。我的收穫與進步會透過影片呈現出來。」

《藝伎回憶錄》眾星雲集，加上大導演史匹柏監製，立即受到了全球矚目。

在洛杉磯拍攝期間，三位華裔女明星楊紫瓊、章子怡、鞏俐儘管在戲中愛怨糾纏，但在戲外卻是一團和氣。三位女主角喜歡在不拍電影的時候，穿梭於彼此的化妝休息室串門，並用普通話說說笑笑。日本明星渡邊謙在銀幕上威武雄壯，平時卻非常靦腆。楊紫瓊、章子怡、鞏俐經常用英語和中文和他開玩笑。由於聽不懂三位女主角在聊什麼，渡邊謙顯得非常好奇。當她們不告訴他的時候，渡邊謙假裝生氣，更加惹得三位女明星哄堂大笑。片場總是能夠聽到三位女明星的笑聲。這也引起外國工作人員的好奇。

有媒體報導她同鞏俐不和，章子怡卻大大讚揚了鞏俐一番：「鞏俐是我從小都很崇拜的偶像，能夠和她一同出演《藝伎》，我感到機會難得。這是一個很好的機會，她是那麼的漂亮，告訴你，我在片場都一直盯著她看呢！」

有場戲要鞏俐扮演的藝伎打小百合，鞏俐對章子怡說她實在下不了手，章子怡一咬牙，說沒關係就這樣拍吧，結果拍戲的時候鞏俐一巴掌打過去後，兩個人抱在一起哭了。這一場面，讓那些「不和」謠言不攻自破。

不再需要打打殺殺的章子怡，竟然還是免不了受傷，因配合劇情，需要章子怡戴上有色隱形眼鏡，不料引起眼睛過敏，不但紅腫，而且奇癢無比。醫生提醒她就算再癢也不能用手抓，否則情況會更嚴重，章子怡說自己忍不住：「眞的癢死我了，好想撞牆啊！」

之前章子怡在美國一直進行艱苦的英語和舞蹈訓練，雖然她已經學過很多年舞蹈，這次還是完全是從頭學起，爲了適應影片中藝伎角色的需要，每天練習好幾個小時。至於原來在去美國前章子怡最擔心的英語，現在已經過了關，她在片場已經能和美國演員開玩笑了。

當章子怡得知《藝伎回憶錄》的導演羅柏．馬歇對她的評價很高時，她表示感謝說：「其實對於這部電影來說，壓力最大的應該是導演本人了。由於我們這些演員都來自不同的國家，例如中國、日本、韓國、馬來西亞……我們都說著不同的語言，如果他沒有足夠的耐心，我們是無法交流與溝通的。他始終都鼓勵著我們，對於我們這些外國演員來說這很重要。」

章子怡相信自己的成功與別人的幫助是分不開的，她把張藝謀和李安比作貴人，這次的《藝伎回憶錄》使她遇到了生命中的第三位貴人史匹柏。雖然史匹柏只是擔任監製，但是他對章子怡的幫助還是非常重要。章子怡說：「當初史匹柏先生廣撒大網，與很多有實力的女星進行溝通，最後我幸運地獲選。他是好萊塢的大導演，卻給予我無限的信任和鼓勵，讓我少走了很多彎路。我要努力做到最好，並且創造出跟以前完全不同的表演。」

從「四小花旦」到「四大花旦」

終於，她在國門之外完成了破紀錄的撐竿一跳。延遲了兩年在北美上映的張藝謀首部武俠巨作《英雄》，出人意料地連奪雙週票房榜冠軍，似乎注定要與三個月後上映的《十面埋伏》一起成全章子怡。《十面埋伏》的北美票房成績雖然不如《英雄》，卻在全美的五大影評人獎中接連出彩。美國人更把章子怡看成中國女星性感的化身——「章小姐偶爾會露出一邊的香肩，如果她再露多一點，放映機大概會著火。」

張藝謀兩部武俠巨作連成的長竿，成就了章子怡在二〇〇四年破紀錄的撐竿一跳。當年《臥虎藏龍》把章子怡帶到了好萊塢的門口，而在北美相繼上映的《英雄》和《十面埋伏》將她一路送上了好萊塢的耀眼舞台。

二〇〇四年，她先後接下日本的《狸御殿》和美國的《藝伎回憶錄》，參與到國際化影片的製作中，對於角色的塑造有了更深的體會，今時今日，如果再用「四大花旦」的稱號來形容她的地位未免過時。

二〇〇五年初，幾部檔期相近的影片又讓人們的視線聚焦到當年的「四小花旦」身上。只不過此時的她們早已躍升爲「四大花旦」。這時章子怡的事業已全面走向國際，與同時出道的同齡人拉開差距。不論是趙薇、周迅還是已轉型導演的徐靜蕾，這幾位在中國影視界原本平起平坐的花旦，如果談起當演員的成功，毫無疑問已被她遠遠拋在了身後。

四人中的周迅和趙薇演而優則唱，開始拓展更寬的演藝道路，而曾以「玉女」形象給人根深蒂固印象的徐靜蕾算是另外三人中與國際舞台走得更近的一個，不過先是牛刀小試般地導出一部電影《我和爸爸》，又將奧地利作家史帝芬・茨威格（Stefan Zweig）

的名著《一位陌生女人的來信》（Letter from an Unknown Woman）搬上了銀幕，還沒在國內上映，就先拿了個西班牙電影節最佳導演的大獎。但此時的她已經是以導演的身分受到關注。

雖然章子怡在以往幾部大片中的表演並未獲得中國媒體和觀眾的一致認可，但她在好萊塢積累的名氣已足以令她奪得主演《狸御殿》和《藝伎回憶錄》的機會。拋開張藝謀的長竿之後，章子怡又牢牢握住了世界級電影大師史匹柏和鈴木清順的長竿。她下一跳的高度，沒有人能夠預測。

二〇〇四年，章子怡登上了富比士（Forbes）中文版「中國名人榜」第二位，僅次於姚明；被英國權威雜誌《Empire》選爲「史上百大性感影星」；被《紐約郵報》預言將成爲中國首席女星；被美國權威雜誌《娛樂週刊》評爲好萊塢年度風雲人物第十二位。

趙薇的《情人結》、周迅的《鴛鴦蝴蝶》和《美人依舊》、徐靜蕾自導自演的《一位陌生女人的來信》以及章子怡的《茉莉花開》從二〇〇五年二月開始登陸電影市場。不過要說一較高下，章子怡早已把工作重心放在了美國。年初，《十面埋伏》雖未在金球獎和奧斯卡獎上有所斬獲，章子怡的人氣一點也不見減弱。萬眾矚目的《藝伎回憶錄》

在台灣將於二〇〇六年上映，此片如果獲得成功，她在好萊塢的地位恐怕又要狂飆；而隨著《狸御殿》和韓國賣座電影《我的老婆是老大》續集先後上映，章子怡打開日韓市場也將指日可待。

章子怡也比較關注同行的動向，她說很佩服徐靜蕾當導演的魄力。「作爲一個年輕女孩，一個人擔起那麼多重任，覺得她特別了不起。我想我沒有能力做這些事情，我可能連她的四分之一都做不到，所以我覺得徐靜蕾是一個特別有衝勁兒的演員。我很尊重她，不管她的作品怎樣，大家認不認同，起碼她有這種自信心，這種勇氣，去嘗試一些新鮮的東西。」

「我還是先把演員做好吧，總覺得人不可能十全十美，也沒有那麼多精力去跨行發展。現在我很享受當演員的過程，我只想演好每一個角色，拍出一些好作品，這是我目前最感興趣的也是我最熱衷的一件事情，其他的我暫時不會去想。」

「能在我扮演的角色裡發現她們是那麼適合我，這是很不容易的。很多人花費了一生的時間去尋找適合自己的工作，並且很多人一生都沒有機會去做自己喜歡從事的工作，我突然發現電影給了我如此大的發展空間，我對自己是個女演員就很滿意了，並不在乎是不是一個女明星，我的喜好恰恰就是我的工作，我將終生從事演藝工作。」

章子怡的執著和專注無疑是她邁向成功的堅硬基石，當其他藝人都在選擇相似的道路發展時，她卻固守陣地，堅定地走著她自己選擇的路。這是需要勇氣，同時也需要實力的，如果現在的她還只是一個靠導演出名、演技一般的演員，這種固守必然只能阻礙她的發展，她始終孜孜不倦追求，是表演的突破和對自己的超越，她眞正的成功也正在於此。

豔驚奧斯卡

雖然《十面埋伏》在國內被「罵得一文不値」但卻阻擋不了它風靡美國的氣勢，在全美的五大影評人獎中接連迸出好成績，已贏得洛杉磯、波士頓和紐約三大影評人協會的「最佳外語片獎」，並在美國民意投票第一階段的金球獎最佳外語片中以絕對優勢遙遙領先其他四部影片。章子怡近年來越來越受到國際影壇矚目，《十面埋伏》此次參賽金球獎的電影海報，選用了章子怡的揮劍劇照，海報以綠色竹林爲背景，暗紅色英文片名格外醒目。

被譽爲奧斯卡風向球的美國電影金球獎於二〇〇五年一月在洛杉磯舉行頒獎典禮。中國電影《十面埋伏》入圍最佳外語片獎，原本章子怡此行不僅要爲《十面埋伏》造勢，她還有個更重要的任務是擔任頒獎嘉賓，但終因爲忙於趕拍史匹柏監製的《藝伎回憶錄》而錯過，這令她很遺憾。然而金球獎結束後章子怡接到了奧斯卡主辦單位的邀請，希望她可以擔任頒獎嘉賓。對任何一個人來說能夠在奧斯卡上擔任頒獎嘉賓都是一種榮譽，章子怡自然很開心有幸接受這份榮譽。

作爲頒獎嘉賓出席本屆奧斯卡的章子怡，以一身Monique Lhuillier的黑色晚禮服，佩戴著**BVLGARI**的珠寶出現在紅地毯上，成爲當日頒獎禮的其中一個焦點。她是出席本屆奧斯卡的唯一一位中國影星，頒獎禮上她與好萊塢新晉小生——在《明天過後》（The Day After Tomorrow）、《怵目驚魂二十八天》（Donnie Darko）中有出色表現的傑克．葛倫（Jake Gyllenhaal）一同頒發本屆的最佳視覺效果獎。

四年前章子怡曾隨李安導演出席了《臥虎藏龍》在奧斯卡的盛會，這次她以頒獎嘉賓的身分再次出席，此時章子怡的英文已大有進步，不但能在《藝伎回憶錄》中以英語講對白，而且在奧斯卡的頒獎禮台上，章子怡也將以英文在台上「發言」。

在正式頒獎前的現場彩排，章子怡感受到主辦單位排練過程的井然有序，大家都在開場白和感謝辭的發表上算準時間，由於結果還沒揭曉，提名演員不可能親自到場排練，現場演員就坐的椅子上都以照片來替代，她不由得讚歎「他們眞的很專業」。

章子怡說：「在頒獎的過程中誰說哪一句話、誰打開信封都是大會事先安排好的。本來我們兩個想在台上搞怪的，例如《蜘蛛人2》（Spider-Man II）得獎，我們就扮成蜘蛛人的樣子；如果是《機械公敵》（i, Robot）得獎，我們就用機器人的嗓音去宣讀，很可惜大會怕我們玩得太厲害，最終放棄了。其實我倒沒覺得緊張，可能坐在台下和電視機前的朋友，也許會替我捏把汗。」

特別值得一提的是，章子怡穿的禮服MoniQueLhuillieR被美國PEOPLE雜誌評選爲「六大奧斯卡最佳著裝」。這個出道時被批評在衣著上沒品味、亂搭配的小女孩也在一天天地完善自己，她已經懂得自己的優點和缺陷，並知道怎麼穿著才能使自己更美麗。這套禮服是她從五十多件知名品牌中挑選出來的，她很喜歡它復古卻不失典雅的感覺。並且因爲她是作爲頒獎嘉賓出席奧斯卡，是爲別人頒獎而來，她不想自己穿得太過「喧賓奪主」。

璀璨的未來

走下奧斯卡的盛大舞台，章子怡又變會一身休閒打扮的家常女孩，不拍戲的時候喜歡逛街，會在拍攝的時候和所有人開玩笑，吃飯時和慢吞吞的服務生說「要不我跟你換班吧」，會把在東京拍的照片一一給眾人看，會說「好久不回北京，很多地方都不熟悉了」。還會去坐計程車，讓司機怎麼也不相信後座上那個嬌小的女孩就是章子怡，她到現在都沒有買車，偶爾開開爸爸那輛破車。她也依然會在沒事的時候窩在家裡，和朋友出去吃飯、逛街、買東西，也不戴墨鏡。

「我不想成爲任何人的楷模，我只是在做我自己，充滿生命力的去面對每一天和每一個來之不易的角色，而後的很多事情都希望順其自然地發生。」

在接下來的時間裡她還要把手上一些劇本逐一讀完，也許會從中選擇適合她的角色。

二〇〇五年九月，章子怡將有可能和新銳導演田沁鑫合作，完成她個人的話劇處女秀《青蛇》，在劇中扮演青蛇。同時，章子怡的同班同學袁泉將和她搭檔扮演白蛇。

早在三四年前，田沁鑫導演話劇《狂飆》的時候，就曾考慮過讓章子怡來扮演四個女性中的一個角色，和章子怡接洽後雙方都有合作意願，但因後來章子怡一直忙於拍電影，沒有一個月的時間用來保證排練，最後只能放棄。這次《青蛇》的劇本將由上海的文化記者商羊來完成，她也是中國中央戲劇學院戲劇文學系畢業，目前正在修改第二稿。據瞭解，這個劇本並不是專門爲章子怡量身定做的，只是覺得和她本人的形象非常吻合，所以有了合作意願。

章子怡從中國中央戲劇學院畢業後被分到中國國家話劇院，但從畢業之後她卻從未登過話劇舞台。如果這次田沁鑫能和章子怡合作的話，也算是章子怡首次爲單位履行演出任務了。

二〇〇五年三月的香港，第二十四屆香港電影金像獎頒獎禮給章子怡送來一份意外的禮物，憑藉她在《2046》中的出色表演，獲得了本屆金像獎最佳女主角。從一九九九年獲得首個獎項「亞太地區電影最佳新人獎」，再到如今的「香港金像獎影后」，章子怡終於以自身的演技贏得了華語主流電影界的全面肯定。或許由於意外，章子怡在上台做得獎感言時都激動得有點詞不達意，她印象中的女主角的戲份應該貫穿整部影片，可是在《2046》中她的表演並不是如此，故一直對拿影后不抱希望。其實在此之前，在被譽爲金像獎的風向球的「金紫荊獎」上她就脫穎而出，獲得最佳女主角。

章子怡說一直都覺得香港人不太接受她，但獲得金紫荊獎後，這個想法已經有些改變。她覺得只要認眞工作就一定會有回報。對於其他入圍的女演員，章子怡看過她們參賽作品，她說她都很欣賞，很喜歡她們的表演。由於自己拍的香港電影不是很頻繁，無論是參與創作作品，還是和香港的電影人交流都並不多，所以得到認可已經是對她很大的鼓舞。

獲獎後章子怡表示，最大的功勞是王家衛導演，因爲在《2046》中她的演出只有三十分鐘，是王家衛給了白玲這個人物的靈魂。

整個頒獎典禮結束後，所有獲獎明星和部分嘉賓前往位於九龍尖沙咀的洲際酒店大禮堂，參加在此舉行的慶功酒會。章子怡當晚特意帶母親出席金像獎頒獎禮，在出席慶功酒會時她喜形於色，說一定要先打電話告訴爸爸這個好消息。

已經數不清章子怡第幾次登上美國主流媒體的封面了，最新一期美國《人物》（People）雜誌公佈了二〇〇五年「全球最美麗五十人」排行榜，《人物》雜誌每年都根據慣例選出「全球最美麗五十人」，今年是第十六年票選。章子怡憑藉《十面埋伏》在美國大放異彩，目前她在美國風頭強勁，成為上榜的唯一一位亞洲女星。

二〇〇五年五月二日上市的最新一期《新聞週刊》（Newsweek）推出封面故事：中國的世紀(China's century)。章子怡笑容可掬地出現在封面上，背後襯以中國的標誌性建築萬里長城和上海東方明珠塔。封面還用紅色標籤註明：特別報導。

《新聞週刊》中寫道：就在幾個月前，章子怡置身於Telluride國際電影節評審團成員之列，和瓊・艾倫（Joan Allen）、艾倫・芭金（Ellen Barkin）、蘿拉・琳妮（Laura Linney）和安娜特・班寧（Annette Bening）等資深女演員置身一室。「她怕得要命。」負責發行章子怡主演影片《十面埋伏》的新力電影集團（Sony Pictures Classics）總裁麥克・巴克（Michael Barker）如此形容當時的章子怡。「她覺得自己不可能和這些女演員比肩。」但是當評審團開始運轉後，這些女演員卻唯她馬首是瞻，只因為她前程似錦。

「章子怡這樣的女演員將標誌著國際影星參與好萊塢電影時代的回歸。就像數年前，義大利影星蘇菲亞・羅蘭（Sophia Loren）和法國女演員馬塞羅・馬斯楚安尼（Marcello Mastroianni）一樣。之前的女演員多來自義大利和法國，現在來自亞洲的電影明星正在進軍好萊塢。章子怡就像法國的凱薩琳・丹妮芙（Catherine Deneuve）。她有著同樣的開場，並且有著同樣純眞的美麗。」

最近一期《時代》（Time）週刊在一篇題爲《中國送給好萊塢的禮物》的文章中說：出生在北京胡同中的章子怡給人的第一印象是一個漂亮的「中國洋娃娃」，很好看，但是很脆弱。不過她在《臥虎藏龍》中的出色表現讓觀眾看到了她堅強果斷的形象，其充滿無限可能的演技，已經達到很多同齡演員無法達到的演出深度。章子怡已經成爲繼鞏俐之後西方人眼中最著名的中國女演員。

週刊公佈了它認爲在全球最有影響力的一百位名人的排行榜，上榜者背景包羅萬象，人物來自全球三十一個國家和地區，因《十面埋伏》而走紅全球的章子怡也榜上有名。章子怡感到榮幸，因爲其他入圍者都是世界知名的名人，自己有幸獲選，所以她很感謝該週刊對她過去一年工作的肯定，這是一份很特別的榮譽。作爲唯一上榜的中國演員，她爲隆重其事更專程到紐約出席在十九日晚《時代週刊》在當地舉辦的全球最具影響力的一百人晚宴，一襲吊帶低胸裙更顯高貴豔麗。

這位從《臥虎藏龍》開始「打」入美國影壇的中國女星風頭正勁，二十六歲的章子怡，在這個光影江湖中笑傲。

後記

翻開書，走進章子怡的世界。在她身上，凝聚了所有癡望璀璨舞台的人們的夢想——由默默無聞到功成名就。在她童話般的演藝生涯中，銘刻著無數笑容與辛酸、掌聲與淚水，對夢想不言放棄的執著。作爲逐夢人，她是成功的。

闔上書，我們所做的，不僅僅是記錄她從胡同裡的無憂無慮及至聚光燈前的有聲有色，更多的是用理性解析她傳奇的這幾年，讓這一顆「星」的光亮輻射每一方領域、每一個群體。

我們無意也無需爲光環再作渲染，而應該是放大光環下汗與淚的積澱。在這些積澱中，懷有夢想的抑或是困惑迷茫的你，定能找到想要的答案。

楊俊

二〇〇五／六／十

電影年表

1998年《我的父親母親》，張藝謀導演。
1999年《臥虎藏龍》，李安導演，與周潤發、楊紫瓊搭檔。
2000年《蜀山傳》，徐克導演。
《尖峰時刻2》，與成龍搭檔。
《武士》，韓國古裝片。
2001年《英雄》，張藝謀導演，與梁朝偉、李連杰、張曼玉搭檔。
2002年《紫蝴蝶》，婁燁導演。
2003年《2046》，王家衛導演。
《茉莉花開》；《我的老婆是老大2》，友情客串。
《十面埋伏》，與劉德華、金城武搭檔。
2004年《狸御殿》鈴木清順導演，與小田切讓搭檔。
《藝伎回憶錄》，羅伯．馬歇（Rob Marshall）導演。

*以上為拍攝年份，非電影上映時間。

個人獎項

1999年 亞太地區電影CineAsia，最佳新人獎
1999年 美國電影協會，明日之星獎
2000年 日本旬報，最佳外國女演員獎
2000年 洛杉磯影評人協會，最佳女配角
2000年11月 第九屆金雞百花電影節，百花獎最佳女主角
2000年12月 國際青年演員協會，最佳女演員
2001年1月 多倫多影評人協會，最佳女配角
2001年2月 伊朗電影節，最佳女演員
2001年2月 芝加哥影評人協會最佳新人獎
2001年3月 第六屆香港金紫荊獎，最佳女配角
2001年3月 第十六屆美國獨立精神獎，最佳女配角
2001年6月 美國第十屆MTV電影大獎，最佳動作獎
2001年12月 美國亞裔雜誌，當選美國最享盛名的亞裔明星
2002年5月 美國舊金山政府確定5月2日為「章子怡日」
2004年4月 第四屆華語電影傳媒大獎，最佳女主角
2004年7月 第六屆CCTV—MTV音樂盛典，傑出藝人大獎
2004年9月 第二十四屆中國金雞獎最佳女主角獎
2005年3月 第二十四屆香港金像獎，最佳女主角獎

蛻變──章子怡的成長紀實

作　　者　杜　麗

發 行 人　林敬彬
主　　編　楊安瑜
編　　輯　蔡穎如
美術設計　洸譜創意設計股份有限公司
封面設計　洸譜創意設計股份有限公司

出　　版　大都會文化事業有限公司　行政院新聞局北市業字第89號
發　　行　大都會文化事業有限公司
110台北市基隆路一段432號4樓之9
讀者服務專線：(02) 27235216
讀者服務傳真：(02) 27235220
電子郵件信箱：metro@ms21.hinet.net
網　　　址：www.metrobook.com.tw

郵政劃撥　14050529 大都會文化事業有限公司
出版日期　2006年01月初版一刷
定　　價　260元
I S B N　986-7651-64-2
書　　號　98021

Metropolitan Culture Enterprise Co., Ltd.
4F-9, Double Hero Bldg., 432, Keelung Rd., Sec. 1, Taipei 110, Taiwan
TEL:+886-2-2723-5216 FAX:+886-2-2723-5220
E-mail:metro@ms21.hinet.net
Website:www.metrobook.com.tw

◎本書原出版者為中國青年出版社，原書名為《章子怡的成長日誌》。
版權代理：中國圖書進出口總公司版權部，經授權由大都會文化事業有限公司獨家出版發行中文繁體字版。

國家圖書館出版品預行編目資料

蛻變：章子怡的成長紀實／杜麗著.
——初版.——臺北市：大都會文化, 2006[民95]
面：公分.--(人物誌；98021)
ISBN 986-7651-64-2(平裝)

1.章子怡-傳記

782.886　　94024576

大都會文化圖書目錄

●度小月系列

路邊攤賺大錢【搶錢篇】	280元	路邊攤賺大錢2【奇蹟篇】	280元
路邊攤賺大錢3【致富篇】	280元	路邊攤賺大錢4【飾品配件篇】	280元
路邊攤賺大錢5【清涼美食篇】	280元	路邊攤賺大錢6【異國美食篇】	280元
路邊攤賺大錢7【元氣早餐篇】	280元	路邊攤賺大錢8【養生進補篇】	280元
路邊攤賺大錢9【加盟篇】	280元	路邊攤賺大錢10【中部搶錢篇】	280元
路邊攤賺大錢11【賺翻篇】	280元	路邊攤賺大錢12【大排長龍篇】	280元

●DIY系列

路邊攤美食DIY	220元	嚴選台灣小吃DIY	220元
路邊攤超人氣小吃DIY	220元	路邊攤紅不讓美食DIY	220元
路邊攤流行冰品DIY	220元		

●流行瘋系列

跟著偶像FUN韓假	260元	女人百分百—男人心中的最愛	180元
哈利波特魔法學院	160元	韓式愛美大作戰	240元
下一個偶像就是你	180元	芙蓉美人泡澡術	220元

●生活大師系列

遠離過敏—打造健康的居家環境	280元	這樣泡澡最健康—紓壓・排毒・瘦身三部曲	220元
兩岸用語快譯通	220元	台灣珍奇廟—發財開運祈福路	280元
魅力野溪溫泉大發見	260元	寵愛你的肌膚—從手工香皂開始	260元
舞動燭光—手工蠟燭的綺麗世界	280元	空間也需要好味道—打造天然相氛的68個妙招	260元
雞尾酒的微醺世界—調出你的私房Lounge Bar風情	250元	野外泡湯趣—魅力野溪溫泉大發見	260元
肌膚也需要放輕鬆—徜徉天然風的43項舒壓體驗	260元		

●寵物當家系列

Smart養狗寶典	380元	Smart養貓寶典	380元
貓咪玩具魔法DIY—讓牠快樂起舞的55種方法	220元	愛犬造型魔法書—讓你的寶貝漂亮一下	260元
我的陽光・我的寶貝—寵物真情物語	220元	漂亮寶貝在你家—寵物流行精品DIY	220元
我家有隻麝香豬—養豬完全攻略	220元		

●人物誌系列

現代灰姑娘	199元	黛安娜傳	360元
船上的365天	360元	優雅與狂野—威廉王子	260元
走出城堡的王子	160元	殤逝的英格蘭玫瑰	260元

貝克漢與維多利亞—新皇族的真實人生	280元	幸運的孩子—布希王朝的真實故事	250元
瑪丹娜—流行天后的真實畫像	280元	紅塵歲月—三毛的生命戀歌	250元
風華再現—金庸傳	260元	俠骨柔情—古龍的今生今世	250元
她從海上來—張愛玲情愛傳奇	250元	從間諜到總統—普丁傳奇	250元
脫下斗篷的哈利—丹尼爾・雷德克里夫	220元	蛻變—章子怡的成長紀實	260元

●心靈特區系列

每一片刻都是重生	220元	給大腦洗個澡	220元
成功方與圓—改變一生的處世智慧	220元	轉個彎路更寬	199元
課本上學不到的33條人生經驗	149元	絕對管用的38條職場致勝法則	149元
從窮人進化到富人的29條處事智慧	149元		

●SUCCESS系列

七大狂銷戰略	220元	打造一整年的好業績—店面經營的72堂課	200元
超級記憶術—改變一生的學習方式	199元	管理的鋼盔—商戰存活與突圍的25個必勝錦囊	200元
搞什麼行銷—152個商戰關鍵報告	220元	精明人聰明人明白人—態度決定你的成敗	200元
人脈=錢脈—改變一生的人際關係經營術	180元	週一清晨的領導課	160元
搶救貧窮大作戰の48條絕對法則	220元	搜驚・搜精・搜金—從Google的致富傳奇中，你學到了什麼？	199元
絕對中國製造的58個管理智慧	200元	客人在哪裡？—決定你業績倍增的關鍵細節	200元
殺出紅海—漂亮勝出的104個商戰奇謀	220元		

●都會健康館系列

秋養生—二十四節氣養生經	220元	春養生—二十四節氣養生經	220元
夏養生—二十四節氣養生經	220元	冬養生—二十四節氣養生經	220元
春夏秋冬養生套書	699元		

●CHOICE系列

入侵鹿耳門	280元	蒲公英與我—聽我說說畫	220元
入侵鹿耳門（新版）	199元	舊時月色（上輯＋下輯）	各 180元

●FORTH系列

印度流浪記—滌盡塵俗的心之旅	220元	胡同面孔—古都北京的人文旅行地圖	280元
尋訪失落的香格里拉	240元		

●FOCUS系列

中國誠信報告	250元		

●禮物書系列

印象花園 梵谷	160元	印象花園 莫內	160元
印象花園 高更	160元	印象花園 竇加	160元
印象花園 雷諾瓦	160元	印象花園 大衛	160元
印象花園 畢卡索	160元	印象花園 達文西	160元
印象花園 米開朗基羅	160元	印象花園 拉斐爾	160元
印象花園 林布蘭特	160元	印象花園 米勒	160元
絮語說相思 情有獨鍾	200元		

●工商管理系列

二十一世紀新工作浪潮	200元	化危機為轉機	200元
美術工作者設計生涯轉轉彎	200元	攝影工作者快門生涯轉轉彎	200元
企劃工作者動腦生涯轉轉彎	220元	電腦工作者滑鼠生涯轉轉彎	200元
打開視窗說亮話	200元	文字工作者撰錢生活轉轉彎	220元
挑戰極限	320元	30分鐘行動管理百科（九本盒裝套書）	799元
30分鐘教你自我腦內革命	110元	30分鐘教你樹立優質形象	110元
30分鐘教你錢多事少離家近	110元	30分鐘教你創造自我價值	110元
30分鐘教你Smart解決難題	110元	30分鐘教你如何激勵部屬	110元
30分鐘教你掌握優勢談判	110元	30分鐘教你如何快速致富	110元
30分鐘教你提昇溝通技巧	110元		

●精緻生活系列

女人窺心事	120元	另類費洛蒙	180元
花落	180元		

●CITY MALL系列

別懷疑！我就是馬克大夫	200元	愛情詭話	170元
唉呀！真尷尬	200元	就是要賴在演藝圈	180元

●親子教養系列

孩童完全自救寶盒（五書+五卡+四卷錄影帶）	3,490元（特價2,490元）
孩童完全自救手冊—這時候你該怎麼辦（合訂本）	299元
我家小孩愛看書—Happy學習easy go！	220元
天才少年的5種能力	280元

●新觀念美語

NEC新觀念美語教室12,450元（八本書+48卷卡帶）

您可以採用下列簡便的訂購方式：

◎請向全國鄰近之各大書局或上大都會文化網站 www.metrobook.com.tw選購。

◎劃撥訂購：請直接至郵局劃撥付款。

帳號：14050529

戶名：大都會文化事業有限公司

（請於劃撥單背面通訊欄註明欲購書名及數量）

廣 告 回 函
北區郵政管理局
登記證北台字第9125號
免 貼 郵 票

大都會文化事業有限公司

讀 者 服 務 部 收

110台北市基隆路一段432號4樓之9

寄回這張服務卡〔免貼郵票〕
您可以：
◎不定期收到最新出版訊息
◎參加各項回饋優惠活動

蛻變

章子怡的成長紀實

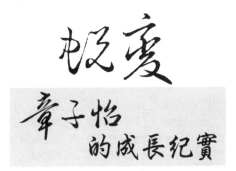

大都會文化 讀者服務卡

書名：蛻變—章子怡的成長紀實

謝謝您選擇了這本書！期待您的支持與建議，讓我們能有更多聯繫與互動的機會。
日後您將可不定期收到本公司的新書資訊及特惠活動訊息。

A. 您在何時購得本書：______年______月______日

B. 您在何處購得本書：__________書店，位於__________(市、縣)

C. 您從哪裡得知本書的消息：
1.□書店 2.□報章雜誌 3.□電台活動 4.□網路資訊
5.□書籤宣傳品等 6.□親友介紹 7.□書評 8.□其他

D. 您購買本書的動機：（可複選）
1.□對主題或內容感興趣 2.□工作需要 3.□生活需要
4.□自我進修 5.□內容為流行熱門話題 6.□其他

E. 您最喜歡本書的：（可複選）
1.□內容題材 2.□字體大小 3.□翻譯文筆 4.□封面 5.□編排方式 6.□其他

F. 您認為本書的封面：1.□非常出色 2.□普通 3.□毫不起眼 4.□其他

G. 您認為本書的編排：1.□非常出色 2.□普通 3.□毫不起眼 4.□其他

H. 您通常以哪些方式購書：(可複選)
1.□逛書店 2.□書展 3.□劃撥郵購 4.□團體訂購 5.□網路購書 6.□其他

I. 您希望我們出版哪類書籍：（可複選）
1.□旅遊 2.□流行文化 3.□生活休閒 4.□美容保養 5.□散文小品
6.□科學新知 7.□藝術音樂 8.□致富理財 9.□工商企管 10.□科幻推理
11.□史哲類 12.□勵志傳記 13.□電影小說 14.□語言學習（____語）
15.□幽默諧趣 16.□其他

J. 您對本書(系)的建議：

K. 您對本出版社的建議：

讀者小檔案
姓名：____________性別：□男 □女 生日：____年____月____日
年齡：1.□20歲以下 2.□21—30歲 3.□31—50歲 4.□51歲以上
職業：1.□學生 2.□軍公教 3.□大眾傳播 4.□服務業 5.□金融業 6.□製造業
7.□資訊業 8.□自由業 9.□家管 10.□退休 11.□其他
學歷：□國小或以下 □國中 □高中／高職 □大學／大專 □研究所以上
通訊地址：________________________________
電話：（H）____________（O）____________ 傳真：____________
行動電話：____________ E-Mail：____________________
◎謝謝您購買本書，也歡迎您加入我們的會員，請上大都會文化網站
www.metrobook.com.tw登錄您的資料。您將不定期收到最新圖書優惠資訊和電子報。

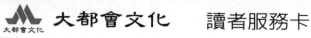